# 女性が輝く時代
# 「働く」とはどういうことか

花村 邦昭

# まえがき

「働く」ことにもともと性差はありません。それなのになぜ副題にあえて「女性が輝く時代」と付けたのか、それは、これからの時代は女性こそが「働く」ことの意味と価値を真に体現する存在であって欲しいし、またそれができると思うからです。

男女共同参画社会がかねてより提唱されていますが、一部にはまだ男性が支配する社会に女性が参入する割合を幾分か増やそうという程度の発想にとどまっている気配が感じられます。そうであってはなりません。あらゆる分野で女性が男性と対等に、あるいは分野によっては男性以上に女性が役割とポストを得て存分に活躍する社会をどう実現するかこそがその主題であるべきだと思うからです。

男性性（マスキュリニティ）が立脚するパラダイムは「機械論パラダイム」です。〈全体は部分に還元できるとする「要素還元主義」に立脚した上で、その「部分・要素」を組み立て直せばもとの「全体」が回復する〉というのがそのパラダイムの特徴です。規格品の「ものづくり」や、定型的な「制度運営」をもっぱらとする世界ではこのパラダイムは有効であり、それなりの成果も産み出してきましたし、いまも現に相応の成果を挙げてもいます。

しかし、現代のような高度ＩＣＴに代表される複雑系社会では、「全体」と「部分・要素」を分けること自体に問題があります。〈「全体」と「部分・要素」とは互いに相手を含み合っていて、両者は相互作用しつつ生成するトータルなプロセスとしてしかとらえられない〉のが複雑系の特徴だからです。これはいわば〝いのち〟をはぐくむ性である女性性（フェミニティ）にいっそう親和的なパラダイムです。これを「生命論パラダイム」と呼びます。男女共同参画社会の到来とは端的にいって機械論パラダイムから生命論パラダイムへのパラダイム・シフトをどう具現化するかということなのです。高度ＩＣＴ社会への対応だけではなく、自然環境問題、少子高齢化問題、地方創生問題、あるいは、ワーク・ライフ・バランスのあるべき姿など、時代が直面する歴史的課題に新たな展望を開くのにもこのパラダイム・シフトは避けて通れません。むしろ、これらの歴史的イシュー群は機械論パラダイムが生み出した鬼子だという側面（もちろん、それだけではありませんが）もありますから、そこには思い切った発想の転換がなくてはなりません。いまは物事を包括的にとらえ、トータルな対処法を考えるべき時代です。

この生命論パラダイムによって、「働く」という人間的営為を包括的にとらえ直すならどういう世界が新たに見えてくるか、それを考えてみようというのが本書執筆の動機です。したがって、そこには男性・女性の性差が入り込む余地は本来ありません。男性性原理を脱構築するために女性性原理を武器として活用することはしますが、したがって、女性性原理をより強く生きる女性への期待を随所に大きく込めているとはいえますが、そこで目指しているのは、あくまでも性差を超えた人間性原理に立脚する「仕事論」です。

生命論パラダイムによって、いいかえれば人間性原理に立脚して、〈「働く」とはどういうことか〉

を見ていくなら、「女性が輝く」という際の「輝く」の意味にも新たな側面が見えてきます。「輝く」とは体制内にあってより大きな勢威を振るうことでもなければ、組織のより上層部に昇ってより強いリーダーシップを発揮することでもありません。あるいは檜舞台に登って衆人の賞賛や喝采を浴びることでもありません。男性でもこれは同じです。たとえ部分的な役割しか担わない存在であっても、そこになくてはならない存在であるなら（存在するものは本来的にみなそうです）、あるいは、そこに居て欲しい時にきっとそこに居てくれるような存在であるなら、また、どんなに小さな燈火であってもそれによって周りの人を少しでも明るくしてくれる存在であるなら、あるいは、その人らしい振る舞いのなかにその人らしい個性が輝き出ている存在なら、それはみな「輝く」存在といってよいでしょう。そういう意味では、人間は男女を問わず誰しもいつも・すでに「輝く」存在なのです。生命論パラダイムによって（機械論パラダイムからの）パラダイム・シフトが起こった世界とは、その「輝き」がより正当に評価される世界だということです。「女性が輝く時代」とは、そのことを女性の立場から特に強調したものにほかなりません。どちらかといえば、これまであまり焦点が当てられなかった女性の仕事に改めて照準を合わせることで「女性の働きがよりいっそう輝いて見える社会をどう実現するか」、ひいては「女性の働きがより大きな意味と価値をもつ社会をどう招来するか」がそこでの中心的課題ということになります。

生命論パラダイムに立脚するなら、どんなに小さな周縁的な仕事であっても、それは全体にとってなくてはならない「働き」です。そこに性差が入り込む余地はありません。それでもなお本書があえて「女性」に焦点を当てるのは、繰り返しますが、女性にこそ社会変革あるいは企業文化刷新のパワー、あるいはそのための〝ゆらぎ〟となって欲しいし、またそれへの期待が大きいからです。

その内実については本論を見ていただくとして、なおここで別途付言しておきたいのは、これまで貶価《へんか》されてきた女性のいわゆる「家事労働」について、たとえば「良妻賢母」という規範について、もういちど焦点を当て直してはどうかということです。この点については、本書の『《補論》現代の「良妻賢母」』にまとめておきました。「女性が輝く時代」のイメージをこれでより鮮明にして頂ければ幸いです。

ここまで書いてきて少し心配になりました。ジェンダー論サイドからの「それは女性をまたぞろジェンダーの頸木《くびき》につなぎ止めようとする男性サイドの策略なのではないのか」という批判です。それには本文をお読みいただきたいというしかありません。

## 〈補注〉「生命論パラダイム」を生きる

「人間」とは、人と人の「間」存在であると同時に、「法則によって支配された世界」と「不確実性の支配する世界」との「間」存在でもあります。これは「自然はすべて論理的理性によって認識可能」という考え方と「人間の責任と自由による行動でつかみ取る以外にこの世界を認識することはできない」という考え方の二元論的対立を生み出します。

しかしいまは、この二つの相対立する考え方の「間」に新しい統一を目指すべき時代です。それは、「一貫的・論理的・必然的」な一般理論と、人間の「自由・創造・責任」という民主主義的理念、この二つの矛盾し合う目標を橋渡しする原理ということになります。いいかえれば、「理想化された静的世界」と「不安定で進化発展していく動的世界」の二者択一を乗り越えるものでなければなりません。

その解はただ一つです。「個の自由な振る舞いから生まれる巨視的レベルの進化発展的過程こそが秩序形成の源泉でありその現場である」という事実、および、「個の自由が真に生かされるのは非平衡状態から生成される創発的秩序の中においてのみである」という事実、これです。

そのように個の自由から全体の秩序が創発してくる過程的場所こそが最も生産的な豊穣の場所であるとして、では、われわれはその場所でどう振る舞い、どう生きていけばよいのでしょうか。そこにはこれといって提示できる方程式はありません。万事を確率論的選択意思による自己組織化過程に委ね、その自己組織化過程こそが秩序生成の現場なのだと覚悟を定めて、その場に自己を開き直すことしかありません。当然に、それは個の自由勝手な振る舞いを許容することではありません。そうではなくて、全体秩序形成の巨視的プロセスに自らの個的振る舞いを同期的に共振させることです。そこでは「個」は共振体のなかの一種の「振動子」です。その振動子が統計的レベルで場の全域的振動と共振するとき、その場に動的秩序が生成されるのです。秩序とは系全体の振動的共鳴によってもたらされる相転移的プロセス（目覚ましい位相転換的な秩序創発のプロセス）なのです。周囲の環境から切り離された観念的・孤立（個律）的な個の自由は真の自由ではありません。共振的生成プロセス秩序の中ではじめて個は真の自由に覚醒することができるのです。

　このことは民主主義的な自由をどう生きるかに通じます。民主主義的秩序はいわばコミュニケーション過程の動力学です。微視的な個々のレベルでの不安定性が巨視的な統計的レベルの安定性をもたらすのです。つまり、個々の振る舞いが統合されることで得られる統計的解が民主主義的秩序を可能にし、そこで得られた解が個の振る舞いに規範的基礎を与えるのです。このような動力学的自由の規範であってはじめて個を秩序へと躾《しつ》けることができます。民主主義的自由を生きるとはこういう生命論的プロセスをわが身に引き受けて生きるということなのです。

　組織論についても同様のことがいえます。これまでの組織論では、統制的秩序に服する個人からなる閉じられた系を前提にしていました。そこでは要素還元主義的（機械論的）な組織論が一般的でした。民主主義的な組織論では、開かれた系を前提にした創発的組織論が主流となります。そこには非平衡性・非線形性・不安定性・持続的相互作用性・自己組織性・自己言及性・創発性・相転移性などの生命論パラダイムに基づく複雑系概念が多様に組み込まれることとなります。そのような考察を経て、個の自由な振る舞いから自生する組織の全体理論を確立し得たとき、われわれは、制度的に定式化された秩序の観念と、生成してやまない自律性を備えた新しい秩序の観念の間の矛盾を乗り越えた、真の民主主義的組織秩序形成のための方途を見つけることができます。つまり、個は全体と共鳴・共振することで、全体は個の相関の不断の組み替えを通して、ともにそれまでにはなかった新しい性質を獲得することができるようになるのです。

このように平衡から遠く離れた系における自己組織化過程は、創造力や革新性に関連する人間諸活動に共通して見られる現象です。われわれが担うべき課題は、このような生命論パラダイムの及ぶ射程領域を幅広く探索することで「個の自由な振る舞いから全体の秩序が創発する過程」を記述する首尾一貫した理論体系を構築することです。

以上の記述はプリゴジン博士の論述を筆者なりに要約したものですが、最後にプリゴジン博士の『確実性の終焉』〈みすず書房〉から本書の指針ともなった文章の二・三を引いておきます。（「」内は同博士の著作からの引用）

「いまや創発しつつあるのは、決定論的世界と偶発性だけからなる恣意的世界という二つの人間疎外的な描像の間の中間的記述である。世界は法則に支配されているものではないし、世界はまったく偶然に支配されている訳でもない」。

われわれがなさねばならないのは「盲目の法則と放縦な事象との間の劇的な二者択一から逃れる隘路を構築」し、「予言でき制御できるものと、そうでないものとの境界設定」を行い、それによって「複雑性を特徴づける非平衡不安定な系に関する新しい形の理解可能性を開くことである。われわれの住むべき世界は、二者択一を乗り越えるこの動力学的な中間記述の場所にしかない。それがどんなに隘路《あいろ》であっても光へと通じる路はそこにしかない」。そここそが、人間の創造力と想像力の源泉、新しい意味が発生する場所であり、「われわれ自身を自然のあらゆるレベルに遍在する根本的動向の表現たらしめることを可能にする場所なのである。そういう意味では、われわれはいまその転換点、すなわち新しい合理性の始まりへと差し掛かっているのだ。その解明のための使命を担うべき者として、われわれはいまや新しい地平、新しい問題、新しい危険を見出しつつある特権的時代に生きているのである」。（筆者の理解によって原文の一部を要約したり組み替えたりしているところがあるのをお断りしておきます）。

イリヤ・プリゴジン（一九一七―二〇〇三）　モスクワに生まれ、その後ドイツに移った後ベルギーに定住した物理化学者。ブリュッセル自由大学教授、ノルウェー物理化学研究所長、テキサス大学統計学・熱力学研究所長などを歴任、一九七七年「散逸構造論」でノーベル化学賞受賞。

生命系と非生命系を二元的に対立させるのではなく、自然界を全体として一連の秩序形成系としてとらえ、それまでの「可逆的な力学時代の世界観」を「非可逆的な〈生成〉の世界観」に転換した。

科学史家スタンジェールとの共著『混沌からの秩序』では、それに基いて人間と自然を対立させる世界観から両者を連帯させる世界観への転換を示唆した。

〝ゆらぎ〟を通した自生的秩序という考えは、社会科学における〈自己組織性〉の議論に、また〈存在〉ではなく〈生成〉、あるいは自然との連帯という考えは、〈ニューエイジ・サイエンス〉や〈エコロジー主義〉などに影響を与えている。（『岩波　哲学・思想事典』より）。

なお、〈個と全体〉、〈自由と秩序〉などの二項対立的な問題設定は本書の立論全体にわたる基本的な視点です。男女を問わず、新入社員かトップ経営者かを問わず、人間はみなそれらの対立的二項間の矛盾・葛藤を何とか調停しながら生きています。「働く」とはその調停のための不断の努力です。そこに「仕事」のエートスがあります。

目次

## Ⅲ　「生きる」とは　153

# はじめに

これから世に出られるみなさんが働く「会社」とはどういうところでしょうか。
大きくくくれば「会社」は次の四つの要素から成り立っています。
一、会社はある目的をもって集まった人間の集団である。それにはメンバーが互いに一致共同することが第一である。
二、会社は四囲の環境条件に適応しながら自己の存続を図る。状況を適切に読み取ることができねばならぬ。
三、会社は状況に適応するだけでなく自ら状況を選択し、状況を創り出さねばならぬ。それには現在になずむことなく異なる時空間への探索能力が求められる。
四、会社は変化する状況のなかにあって自身の恒常的安定性を保っていなければならない。それがあってはじめてメンバーは安んじて一致共同の実を上げることができる。
前半の一と二は、会社存立のための十分条件です。会社は状況適応存在だといってよいでしょう。後半の三と四は、会社がよりよく生きていくための必要条件です。会社は状況創出存在だといってよいでしょう。

会社がそういう状況存在だとして、それが一つの生きた生命体のごとく統合的な働きをするためには、そこに次の二つの条件が付け加わらねばなりません。

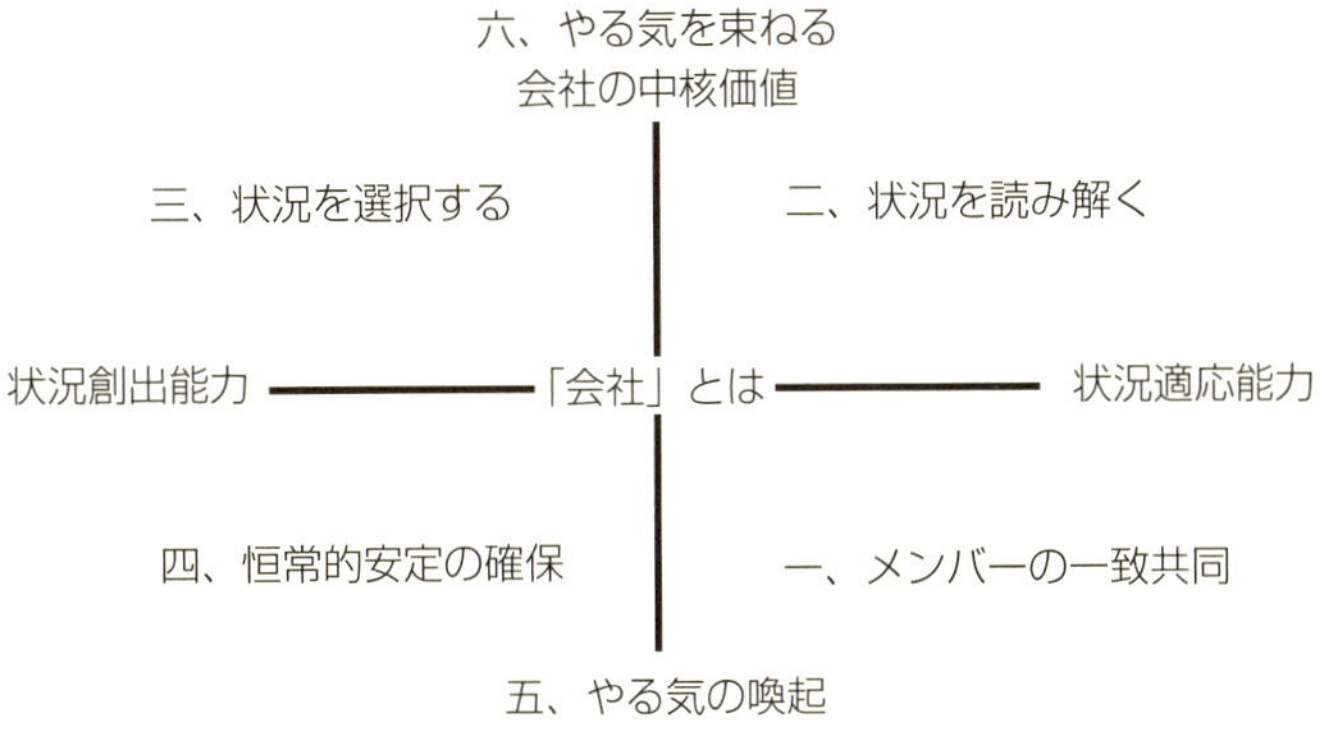


図1

五、メンバーの意欲の喚起である。やる気のない人間集団はやがて立ち消える。会社自身がやる気集団でなければならぬ。

六、そのやる気を束ねるには、会社は何を目指すのか方向感の明確な中核価値が示されねばならぬ。

以上の関係を一覧的に図解すれば〈図1〉のようになります。

本図は会社存続の条件を一覧にしたものです。したがって図の中心には〈「会社」とは〉が配されていますが、これを会社で働く人間の立場から見れば〈「働く」とは〉に置き換えることができます。ここから読み取って欲しいのは、会社とそこで働くメンバーとは一体だということです。「働く」とは「会社」という法人に道具的に雇われることではありません。主体的に参画することで「会社」という人間集団を現出させるのがそこで「働く」ということの内実なのです。

これは〈図2〉のように人知の基本構造を踏まえていま

す。「働く」とは、人知の四構造、すなわち〈暗黙知—身体知—言語知—メタ言語知〉の「知の創発」サイクルを滞りなく回転させることです。この知の働き（四象限サイクル）については、これから何度も姿を変えて登場しますので記憶しておいてください。

まず最初が〈暗黙知〉です。カンとかコツといったような形でしか把握できない、したがってコトバとしては言表化できない〈知〉です。人間は人類誕生以来集積されてきた厖大な〈暗黙知〉を源泉として、そこから豊かな知の世界を築きあげてきましたし、いまもそうしています。会社におけるメンバー同士、パートナー同士の〈一致共同の知〉がそこから創発します。（本書では、〈暗黙知〉からの知世界の構築を〈暗黙知の「切りわけ」〉と呼ぶことにします）。

〈暗黙知〉は人知のすべての領域に浸透していますが、最も色濃くそれが映し出されるのは〈身体知〉においてです。「体が震えるような体験」とか、「身に鳥肌が立つ思い」とかの表現がそれを端的に物語っています。会社での〈状況を読み解く知〉がそこから創発します。（本書では、この〈身体知〉による状況読解のことを〈身体知の「身わけ」（市川浩）〉と呼ぶこととします）。この〈身体知〉を回路として人間は豊かな〈言語知〉の世界を切り開いていきます。

人間は〈言語知〉を獲得することによって動物から完全に身を分かちました。人間が互いに相手を理解でき、コミュニケーションで

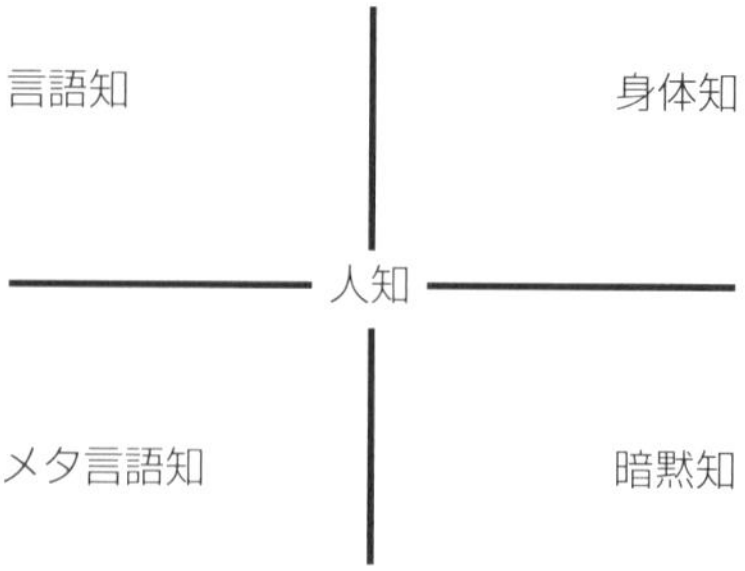

図2

きるのはこの〈言語知〉のおかげです。会社は人間の営む〈言語知〉活動の最も目覚ましい典型の一つです。「会社とは物語の制作である」といってもよいでしょう。〈本書では、この〈言語知〉による世界開鑿のことを〈言語知の「言《こと》わけ」（丸山圭三郎）〉と呼ぶこととします〉。〈状況を選択する知〉がそこから創発します。

〈言語知〉は、次に「言語知を使う言語知」、すなわち〈メタ言語知〉を生み出します。これによって人間はすべてを記号化してとらえ、物事を記号計算・論理計算によって整合的に理解し表現することができるようになります。コンピュータによる統計的な処理や推計、あるいは将来予測などがその典型です。〈本書では、この〈メタ言語知〉による計算整合的な世界理解のことを〈メタ言語知〉の「仕わけ」と呼ぶ事とします〉。〈恒常的安定の知〉がそこから創発します。優れた芸術作品、特に音楽などは〈メタ言語知〉が切り開いた人知の極致あるいは深奥の世界をわれわれに開示してくれます。そういう意味では〈メタ言語知〉は〈暗黙知〉の世界を開鑿《かいさく》する回路ともなります。

こうして人知はサイクリカルに生成発展しますが、忘れてならないのは、その生成発展は一方では、人知のもつ原初の（〈暗黙知〉がもつ）豊かさが、漸次切り詰められ形式化されていく（見方によっては枯渇させられていく）プロセスでもあるという事実です。われわれはつねに〈暗黙知〉の源境へと立ち返り、活き活きと脈動する知のエネルギーをそこから改めて備給し直さねばなりません。

しかし、さらに大事なことは、会社の活動も、そこでの人知の働きもすべては〈言語〉を駆使することによってしかなし得ないという事実をしっかりと見据えておくことです。「経営とは物語の制作である」「経営はアート（芸術作品）である」など本書が伝えたいメッセージは、その点を見据えてのことです。以下の各論で、その〈言語〉が活きて脈動する〈ハタラキ〉の実態を見ていくことにします。

なお最初に、本書の表題である「〈働く〉とはどういうことか」の「働く」について、本書の基本的立場を述べておきます。

本書では〈働き〉と〈ハタラキ〉を使い分けています。〈働き〉は、端的に〈職業〉のことです。職場における日常の〈働き〉のことです。〈ハタラキ〉は、端的に〈活動〉のことです。人間が生活の場で何らかの機能を発揮して仕（為）事をする、そのエネルギー活動、それを〈ハタラキ〉と表示します。それは宇宙エネルギーのハタラキが人間活動を通してこの世に現れるハタラキです。そういう意味では〈ハタラキ〉は〈働き〉を包摂する概念です。

それは、人が「組織人格」（何らかの組織の一員として生きている機能的自己）を生きつつ、同時に「個人人格」（組織を離れてなお一個独立の存在として生きている人格的自己）を生きる、両面をもった人格存在であることと表裏をなしています。「個人人格」は「組織人格」を包摂しています。「個人人格」は〈ハタラキ〉存在であり、「組織人格」は〈働き〉存在です。しかしながら、現代社会にあっては、その本来あるべき包摂関係はむしろ後景に引いて、人間意識の面では「組織人格」＝〈働き〉と、「個人人格」＝〈ハタラキ〉とは二項対立的な関係、互いに矛盾葛藤する関係としてとらえられます。現に、われわれはその矛盾葛藤をどう調停するかに日夜腐心しながら日々の生活を営んでいるといえます。両者が矛盾なく統合された幸福な例としては一部の恵まれた芸術家などが挙げられるだけかもしれませんが、しかしそこにも凡人には窺《うかが》い知ることのできない、より高次元の矛盾葛藤があるかもしれません。いずれにせよ、人生とは上記の二項間のよりよき適合を目指しての努力の体系なのだというのが一般的な理解だといってよいでしょう。

本書を貫く基本の考え方は、その二項対立を乗り越えて、ハタラキ＝働きとなるような生活空間をどう開くかにあるのだということを念のため最初にお伝えしておきます。

なおついでに、本書における〈言葉〉と〈コトバ〉の使い分けについても付け加えておきます。〈言葉〉は通常われわれが〈言語〉と読んでいるものです。〈コトバ〉は〈言語〉だけでなく、人間の表情・眼差しや身体所作・動作すべてを含む全身体的なコミュニケーションのすべてを含むものとして使用します。〈ハタラキ〉が〈働き〉を包摂するように、〈コトバ〉は〈言葉〉を包摂します。しかし、そこにも二項対立的な関係をあえて際立たせることもあります。たとえば、人が「目で笑いながら厳しい言葉で叱る」現場はいつも目にする光景ではないでしょうか。言葉にならないコトバで人はより多くのことを伝えることができます。

「暗黙知」とは、「言語で明確に表現することのできない、もしくはそれが困難な直観知・身体知・体得知、あるいは事実知に対する技能知などを言う」。暗黙知についてはアリストテレスの古代から議論されてきましたが、「近年の暗黙知についての議論はM・ポランニーの『個人的知識』や『暗黙知の次元』などの関係で行われている」。「言語化された知識と違って、直観・志向性・身体性や生命などと結びつくものであり、……〈焦点〉と〈非焦点〉

の構造をもっている」。（『岩波　哲学・思想事典』より）。要するに「気づき」とか「閃《ひらめ》き」とかで感得するしかない「知」のことです。

「身体知」については市川浩『精神としての身体』〈勁草書房〉を参照してください。市川氏によれば、「身体が環境の支配から解放されたとき、人は「精神」を自覚する」。「この具体的事実を指し示すことばとしてより適切なのは日本語の「身（み）」という言葉であろう。〈わが身〉〈身にしみる〉などというとき、それは単なる身体でもなければ精神でもなく、精神である身体、あるいは身体である精神として〈実存〉を意味するのである」。そこでは人は、「自らが「世界システム」を生起させそれを操作する能動的主体である」。要するに、「身体知」とは身体行為的実践で体得する「知」のことです。

「言語知」「メタ言語知」については『丸山圭三郎著作集』〈岩波書店〉、特に『第一巻ソシュールの思想』、『第三巻　言語の深層／深層の言語』、『第四巻　生命と過剰』を参照して下さい。

## 〈補注〉「経営現象学」――非線形複雑系経営論

一九九二年九月、私の前職である㈱日本総合研究所で、ノーベル化学賞受賞者でブリュッセル自由大学教授のプリゴジン博士を招聘《しょうへい》してシンポジウムを開催しました。博士を交えての浅田彰、立花隆、西垣通、西山賢一、松井孝典、田坂広志、諸氏の熱のこもったパネル・ディスカッションの翌日、博士と親しく懇談する機会がありました。当方のナイーブな質問にも、いちいち丁寧に答えてくださいました（その質疑はシンポジウムの記録『生命論パラダイムの時代』（ダイヤモンド社・一九九三年刊、第三文明社・一九九八年刊）の巻末に収録されています）。

博士はかねて「自然科学と人文科学、社会科学を橋渡しすることに、自然科学者として深い満足を覚える」といっておられるのに便乗して、企業経営についてどういう考えをもっておられるかを尋ねてみました。博士の答えは端的に「経営学は現象学ではないか」でした。私はそれを〈一定の理論を基に演繹《えんえき》的に事象を理解するのではなく、経営現場で日々生起する事象を現象学的還元の手法で解釈していって、その本質理解に到達するのが経営ではないか〉という意味に受け取りました。ちょうど㈱日本総合研究所創設の直後で、シンクタンクの経営はいかにあるべきか、これからの知識情報社会に求められる「知識経営」のモデルは何かを、いろいろ模索していた最中でしたので、その言葉は私にはあたかも一つの天啓のように聞こえました。

懇談の場での博士の発言で企業経営に関係するものを拾いあげれば、

「企業においては何よりも〈ゆらぎ〉が発生し得る状況を確保することが大事」

「あまりにも厳格で硬直的なヒエラルキーが存在していると〈ゆらぎ〉の生成は不可能になってしまう」

「何が〈可能なゆらぎ〉であり〈何が有望なゆらぎ〉かを見定める力をもつ〈有望な人材〉をどれだけ確保できるかが最も重要な課題」

「組織成員が豊かで自由な未来に関する〈魅力的な理想〉を見出したとき、それがシステムの奥深くにまで急速に侵入する〈有望なゆらぎ〉となる」

「ビジョンやイマジネーションを実現するためにはコヒーレンス〈統合性、統一性、結束性〉の高い組織でなければならない」

「イマジネーションを得るためには乱雑性と秩序性の中間的な状態が必要、あまりに大きすぎずあまりに小さすぎない緊張のなかに人間を置くとき最もイマジネーションが発揮される」
「イマジネーションだけはプログラムできない、そのためには多くの機会を与える以外に方法はない、直接には関連のない分野の間でお互いに交流をすることでイマジネーションを向上させることができる」
「われわれの周りに存在するシステムはカオス的なダイナミクスを含んでいる、システムはスケールが大きくなると新しい性質を獲得する、小さなシステムはそれ固有のダイナミクスをもっており、大きなシステムは小さなシステムへと還元することはできない性質をもっている、そこでは集団を扱う力学が必要になる」
「個々の対象に全体のシステムが反映されるのであり、全体のシステムに個々の対象が反映されるのではない」
「個は場の表現であり、場は共鳴を生じ、共鳴が生命を生みだす」
「複雑性というものが生物あるいは生命に新しい性質を生みだす」
「これからは複雑性や複雑システムに関するモデル化の研究が極めて重要になる」
「西洋の科学は主体と客体の相違や対照を強調してきた伝統があるが、いま求められているのはその中間の道である」
「二〇〇〇年来の東洋思想と今日の現代科学をわれわれは統合しなければならない」

「いま科学は日本の伝統的な自然観に近づいてきているのに日本では科学があまりにも日本の文明から隔離されている」

などです。

その日から私の日本総研での経営革新が始まりました。その成果は六年後一九九八年の「日本経営品質賞」受賞という形で一つの結実を見ました。

二〇〇三年五月二九日の新聞夕刊が一斉にプリゴジン博士の訃報を伝えました。そのとき私はシンポジウムの翌日、昼食もふくめてたっぷり半日の時間をとって対談に応じていただいた博士の温顔が眼前に彷彿《ほうふつ》しました。「散逸構造理論を人文科学や社会科学、特に経営の分野に安易に拡張適用することには慎重であるべきだと思うが、博士はこの点についてどう考えておられるか」という私の質問に対し、博士は「散逸構造理論よりも非線形複雑系の考え方の方が経営には参考になるのではないか」と遠くを見る眼差しで答えられました。それからというもの博士の著作のなかから非線形複雑系の振る舞いについて記述された箇所を抜き出し、ノートに取ってはそれをもとに「複雑系の経営」について社員と熱く語りあう日々が続きました。そのときのノートから経営のヒントになりそうなテーマ（少なくとも私にとっては啓発されるところ大であった）について問題群ごとにいくつかランダムに拾いだしてみます（「」内は巻末《参考文献》中のⅠ・プリゴジン博士関連の諸著作から引用）。

統一的な世界理解について

「われわれが住むのは、成長したり減衰したりする多様な揺らぎの世界である。このような揺らぎは、不安定熱力学系の特徴的レベルで生じる揺らぎの基本的特徴からの巨視的現れなのである」。「時間の流れは、巨視的レベルで増幅され、生命のレベルでも、最後には人間活動のレベルで増幅されていく。あるレベルから他のレベルへの移行をもたらすものについては、ほとんど何も分かってはいないが、しかし、少なくとも動力学的不安定性に根差した自然についての無矛盾な記述は得られたのである。生物学と物理学から提供される自然記述は、いま歩み寄り始めている」。「創発しつつあるのは、決定論的世界と偶然性だけからなる恣意的世界という二つの人間疎外的な描像の間の〈中間的〉記述である。世界は法則に完全に支配されているものではないし、世界はまったく偶然に支配されているわけでもない」。「いまやわれわれは組織化の動力学的起源や、複雑性の起源の動力学を理解し始めているのである」。

（経営にとってのキーワード：〝揺らぎ〟〝動力学的不安定性〟〝中間場〟〝複雑性〟）

非線形複雑系の振る舞いに関して

「非線形複雑系が分岐前安定点を超すと巨視的過程に時間—空間的にコヒーレントな振る舞いを起こす新しいタイプの自己組織化が発現する」。「この新しい構造はエネルギーと物質の流れを伴った、平衡からじゅうぶん遠い状態においてのみ維持される」。「平衡からの距離と非線形の二つが系を秩序状態に導いていく源泉である。この分岐不安定性によって発現する秩序状態を、平衡構造と区別するために散逸構造と名づける」。「この新しい秩序の出現は、基本的には巨視的な〝ゆらぎ〟が、外界とのエネルギー交換の結果、安定化されることに由来しており、この〝ゆらぎ〟が増幅されることによって非平衡系に自己秩序化がもたらされる」。

「状態変数値からの絶えざる偏移＝ゆらぎが内在的動力学の一部となって、系自身の自己組織化と自発的発展が生まれる」。「非線形複雑系では初期条件の微妙な変化や、環境条件の変化によって異なった種々の現象が周囲に波及し、空間的パターンや時間的リズムの形で巨視的スケールの自己組織化現象をもたらす。また分岐や多重解の選択をとおして異なった振る舞いのモードの間を移転する能力をもっている」。「状態から逸脱しようとする局所的な小さい出来事は直ちに発生する反作用によってかならずしも消去されるとは限らず、その代わり系によって受容され、さらに増幅されることもある。その結果、局所的小さい出来事が革新性と多様性の源泉となりうる。この適応性こそが非平衡系が平衡系とは似ても似つかないような新しい状態へ分岐していくことを可能にする源泉」である。

（経営にとってのキーワード：〝自己組織化〟〝平衡からの距離〟〝非平衡性〟〝分岐不安定性〟〝逸脱・革新性・多様性〟）

揺らぎをとおしての自己組織化について

「反応系では、対称性を破る分岐において、内在するフィードバックをとおして小さな摂動やゆらぎの効果を増幅することによって局所的暴走現象をもたらす。拡散はこれによって生じた不均衡性をならす傾向をもつ。しかし拡散速度と反応速度が同程度になると非均衡性を消しさることが十分にできなくなり、その結果として空間パターンが生じる」。「均質であった媒質内に空間的パターンが出現するためには、ゆらぎの拡散速度と系の反応速度のバランス、系のサイズなどに一定の条件が必要である。この条件が満たされないと揺らぎは拡散・消滅し、系は平衡化する」。このような「対称性の破れへと至る転移を経て、新しい性質をもった秩序が生みだされるプロセスが生命に関する現象の重要な特徴のひとつである」。

「状態空間の場における内在的な空間微分や濃度勾配による空間対称性の破れた状態の出現は周囲の媒質へ中継され、フィードバックによって系の振る舞いを活性化する」。

「対称性の破れが情報が生まれるための必要条件」であり、「すべて構造は情報的意味をもち、ランダムさがもつ困難を自動的に解消するための機構そのもの」である。

「不可逆的不均質性自身が選択の原因となって空間的に非対称な情報に富む物質の形が形成される。この不均質性が情報伝達のプロセスを生む源泉となり、相互の位置情報を伝達しあって、一種の座標系を系内に提供することになる」。

「不安定性の臨界点に近づいた極限では、系の振る舞いは長距離相関という予期されなかったような現象を起こす」。「系は巨視的な部分系が互いに独立に変動するのではなく、互いに長距離相関をもって結合した振る舞いを示す」。

「短距離相互作用による活性化現象と、長距離相関による抑制の役割、およびそれらの非線形相互作用＝フィードバックが形態形成、秩序構造の出現に重要な役割を果たす」。「ゆらぎによる平衡釣り合いからのズレで系が臨界次元を超えると、巨視的領域にわたって空間的コヒーレンスが確立する」。「自己触媒的作用、自励振動的振る舞いの推移により、部分同士の間に明確な位相関係を保ちつつ、協調的な空間相関＝コヒーレンスが系全体に広がっていき、系は新しい状態へと遷移する」。

「非平衡定常状態を維持するためには、内部で生成されるエントロピーと等量の負のエントロピーを系に不断に供給しなければならない。平衡から非平衡へ漸次移行するとき、エントロピーは連続的に滑らかに減少する（負のエントロピーは増大する）、この拡散の中の物質の流れの逆転（＝能動輸送）によって、形態形成場の中を形態形成因子が伝播し、位置情報が形成され、情報の位相勾配が確立し、空間パターンが生まれる」。

「動的現象が構造安定現象」であり、「分岐限界点が常に出現する頑健さを系がもつとき、その系は構造安定である」。

（経営にとってのキーワード：〝対称性の破れ〟〝認知フィードバック〟〝情報伝達〟〝長距離相関・短距離相関〟〝コヒーレンス〟）

進化に関して

「状態空間の探索に必要とされる革新的要素が系に与えられ、長距離相関によって巨視的領域と時間間隔にまたがる集団的振る舞いを維持する能力が系に付与されれば、それに伴って新しい現象が発生する」。「あたかも各部分がその周囲の振る舞いを注視し考慮にいれることで、自分の役割を認識するかのごとく、全体のパターン形成に参加しているかのように振る舞うのである」。

「われわれが住んでいる世界は決定論的現象と確率的現象、可逆的現象と不可逆的現象が見出される世界」であり、「系が置かれている条件が変わるにつれて異なった現象が隣りあわせに共存していく世界」である。

「転移の重大な瞬間において系は二者択一的な選択を行うが、そこではただ偶然だけがゆらぎの動学を通じて選択される状態を決定することができる」。この「相転移の機構をとおして系はより秩序だった状態へ発展していく」と同時に、「その後の引き続く発展がこの決定的な選択に依存するという意味において歴史性（ヒステリシス）をもつ対象となる」。

「系は安定な挙動も不安定な挙動もできる。系が時間発展していくヒステリシス的経路は一連の安定領域と一連の不安定領域とを通過していく。安定領域では決定論的法則が支配している。不安定領域は分岐点近くにあり、そこでは系が複数の未来の候補の中から一つを選択することができる。決定論的性格と分岐点近くで状態の選択をする乱雑なゆらぎとは不可分に結びついている、この必然性と偶然性とのからみが系の歴史を形成している」。「進化の基本的機構は、探索の機構としての分岐と、ある特定の軌跡を安定させる相互作用の選択との間のゲームに基づいている」。

系はその状態変化によって、つまり「部分と全体の間のフィードバックによる空間―時間の修正によって、外界からの撹乱に対して構造安定性を高めつつ、また空間の限られた領域内で活性をあげながら、系をより進んだ進化へと導く」。このプロセスをとおして、系は「個々の構成要素の性質を超越した新たな集団的性質」を順次獲得していく。

進化とは単なる「巨視的なパラメターのゆらぎではなく、運動方程式を変えてしまうような機構におけるゆらぎ」であって、「本質的に複雑さの水準をあげていく逐次的な不安定性の継続に対応」しており、「自発的により複雑なパターンに向かって変化していくプロセス」である。

（経営にとってのキーワード：〝パターン形成〟〝決定論的現象・確率的現象〟〝相転移〟〝ヒステリシス〟〝構造安定〟〝機構におけるゆらぎ〟）

私にはこれらの記述のなかに企業経営の根幹で働いている組織作動原理と同じものが読み取れるように思えました。企業とはまさに生々発展してやまない非平衡複雑系の振る舞いそのものではないか、科学理論を安易に拡張適用する弊に陥らぬよう自戒しながら、企業経営の観点から私はこれをつぎの四点に要約しました。

①企業組織は、それを構成する成員間、およびその成員と組織全体との間、さらには広く一般社会との間のいわばバイオ・ホロニックな相互作用関係であって、それ自体つねに生成変化する開かれた動的過程としてのみ存在する。

②自己生成した結果を利用して再び自己を生成していく自己触媒的自励発展性、自己言及性、つまり認知フィードバック的進化がその特徴である。

③そこには超越的規範は存在しない、局所的振る舞いが自律的・分散的・並行的・非線形的に相互作用し合うことで組織全体が不確定的・確率論的・相転移的に自己秩序化するプロセスがあるだけである。

④その統一性・発展性はエネルギーの備給とエントロピーの散逸がちょうど釣り合う、すなわち創発特性と秩序化機構がせめぎ合う中間の非平衡状態においてのみ維持される。その中間の場の緊張に堪えるのがマネジメントである。

企業における経営革新とは、日々現場で生起している経営事象の「現象学的還元」を通してそこに作動している組織原理を抽出し、それを上記の非平衡複雑系の四つの作動原理で検証し直し、必要なら修正を加え、その成果をふたたび経営現場に適用してみてその有効性を確かめる、その往復運動の繰り返しという非線形動学プロセスそのものなのではないでしょうか。

「現象学的還元」とは、「自然的態度の一般定立の徹底的変更」（フッサール）によって、すなわち、われわれが現に見たり生きたりしている諸事象や世界をいったん「遮断」「括弧入れ」することによって（したがって「保存」したままで）、そこから新たに〈「世界についての意識」としての私の「生そのもの」〉を開くことである。つまり

「素朴な〝偏見〟としての世界」を遮断して世界の意味を問い直し生き直そうとすることである。しかし、それは「自然的態度の世界と別のところにいくのではなく、当の自然的態度にはその素朴性のゆえに見えなかったところの、当の自然的世界」を「反省的作用」（反省的問い直し）によって「改めて跡づけし直す」ことである。つまり「定立そのものを、それがそれである存在のありさまで把握」し直すのである。こうして「自己忘却的な自然的態度」を反省することによって、われわれは「知的自己責任の意識にもとづいて、この世界の存在と意味をとらえ直す」ことができるようになる。そこには〈「哲学的自己責任というラディカリズムの精神」による「絶対的に自己責任ある哲学」の形成への意志〉がある。（以上『現象学事典』〈弘文堂〉一二六―一二七頁参照）。

このような〈「意味」の湧出する根源的源泉へと眼を向け換える方法的手続き〉、（すなわち〈「現象学的還元」の手続き〉は複雑な経営事象の本質理解（そこには「現象学的心理学」による「心理学的還元」の手続きも併せ必要とされますが）にとっても不可欠の手続きと思われます。プリゴジン博士がいわれたように経営学はまさに経営現象学なのです。

本書では、経営という「現象」をまずは「自然的態度」でとらえます。そこでは「マネジメント」や「コーポレート・ガバナンス」、あるいは「IR」「CS」などが視野に入ってきます（第一次元＝形式次元）。これに対し「現象学的手法による還元」を行うことでそこに「経営とは言説（記号）の体系」であるという現実の姿が見えてきます（第二次元＝明示次元）。さらに現象学的還元の手法を進めますとそこに「経営とは非線形複雑系の動的振る舞いの体系」だという基本構造が見えてきます

〈第三次元＝明示次元と暗黙次元の境界次元〉。そして、さらにその深奥に「経営の根底には成員メンバーの情念・情動・パッションが渦巻いており、その不定形の純動態を統摂するには究極のところ審美的感性〈美や崇高の観念〉によるしかないという真実が垣間見えてきます〈第四次元＝暗黙次元への近接……暗黙次元そのものへは立ち入れません〉。本書がなさんとするのはそれらの〈各次元〉にできるだけ深く測鉛を降ろす試みです。それが成功しているかどうかは筆者にも分かりません。さらに研鑽を積むとしかいいようがありません。みなさんのご批判を頂ければ幸いです。

# I 「仕事」の流儀

## 1　経営という現象

企業とは何か、会社とは何をするところか、経営するとはどういうことか、要約するなら「世間が求める商品・サービスを末端の消費者に対してタイムリーに、的確に、効率よく届ける人間協働のシステム」というに尽きます。

少し解説しましょう。「世間が求める」とは人間の根元的欲求のことです。あえて「市場が求める」としないところに注目してください。「市場」は過つことがあります。「市場」自身が過つことはなくても人間は往々にして「市場」を読み間違えます。「市場」は確かな実体のように見えて、そこには人間の「思い込み」つまり心理・情動的操作が加わるためです。不確かな予見や思惑、操作された宣伝活動などによって踊らされる無方向的な大衆のファナティックな衝動で人間がいかにミスリードされるかは先のバブル現象でもわれわれが等しく体験したところです。

「世間」はそうではありません。大衆の根源的欲求にはニーズとウオンツがあります。タイムリーにいちはやくニーズを見つけてそれに応え、潜在的なウオンツを的確に掘り起こしてそこに新しい商品・サービスを効率よく「届ける」のが「世間」の営みです。「市場」が仮構（幻想）なら「世間」は実体（現実）です。企業（会社）経営とは、市場の仮構性に惑わされることなく世間という実体に迫ろうとする人間の集団的努力の体系（集団現象）です。

では、「届ける」とはどういうことか、大別すればそれは四つのカテゴリーにくくられます。生産と流通と販売と消費です。「届ける」とはこのサイクルをタイムリーにかつ効率よく回すことです。

まずは消費です。モノ・サービスは消費されてはじめて「価値」となります。商品・サービスをそうやって「価値」づけること、それがニーズ、ウオンツに応えるということです。

次が販売です。販売とは、提供する商品・サービスの「価値」を末端の消費者に的確に知らせることでそれを購買行動に結び付けることです。「価値」が実現するかどうかはその訴求力いかんによります。それによって付加価値が生産されると見てもよいでしょう。そういう意味では一連のサイクルのなかでこれは最も重要な連結鎖です。

次が流通です。流通（物流といいかえてもよい）は、生産と販売の間の連結・媒介項です。商品・サービスの鮮度価値を減ずることのないように、また、そこにマイナスの異物を混入させないように常時見張るのがその生命です。流通（物流）は価値減耗を極小化するという形で実体的な付加価値の生産に寄与します。物品の時空間移動で付加価値が生産されることもあります。

次が生産です。生産とは、消費・販売・流通（物流）サイクルの全域を過去だけでなく将来展望も含めて見通したうえで、いま現在において何を世間に「届ける」べきかを考案・工夫しそれを生産ラインに乗せることです。生産ラインは、素材の仕入れ、素材の消費（素材の流通、および部品加工）、製品の産出の三工程からなります。この生産の三工程は製品の流通・販売・消費の各サイクルを視野に収めながらつねに改善と工夫が加えられます。

まず生産ありきではありません。最初にして究極の目標は消費にこそあります。生産至上主義が大量の売れ残り商品や生産工程での廃棄物を産み出します。その結果、資源枯渇や環境破壊をもたらし地域紛争や経済戦争の誘因となっている現実を見落としてはなりません。生産は競争（闘争）の温床となりますが、消費は共生（平和）の源泉です。いまサスティナビリティ・ソサイアティが提唱されていますが、これは一言でいって〈生産―流通―販売―消費〉サイクルを一八〇度転回させて〈消費―販売―流通―生産〉のサイクルに変えようということです。生産主導の経済体制から消費主導の経済社会体制へと舵を切り替えようということです。もちろん、最終段階に位置づけられる〈生産〉過程にもその先に大きな難問が控えています。〈生産〉過程は無制約ではありません。〈生産〉が持続的に可能なためには地球エネルギー資源や環境資源が課す限界をどう設定し、あるいはそれを乗り越えるかという問題です。企業経営の視界はそこまで開かれていなければなりません。

要は、これらの問題を「経営という現場」でどうとらえるかです。〈生産―流通―販売―消費〉（あるいはその逆転回）という表象の流れ（現象）の根底にあってそれを駆動している原理に反省的に迫ることです。そして、その原理を踏まえたうえで「経営という現象」を根源的に見直し、必要なら旧套を脱ぎ捨てて（脱構築して）、そこに新たな「経営のあり方」を見出すこと、あるいは創出することと、少なくともその展望を示すことです。

結論を先にいってしまえば、これまで「機械論パラダイム」に著しく傾斜していた「経営学」を新たに「生命論パラダイム」によって脱構築することです。「機械論パラダイム」は、全体を要素に還元し、その要素に改善工夫を加えることでより十全な全体を回復しようとする線形的発想にその特徴があります。対して「生命論パラダイム」は、全体とその要素とは不可分の統合プロセスであって、その統合プロセスをより高次のレベルへと進化させるためには〈自己言及的な認知フィードバック手法を駆使した複雑系思考〉によるしかないとするところにその特徴があります。難しい表現をしましたが分かりやすくいえば、〈つねにそのプロセス生成の現場及びそれが成り立つ根源に立ち帰ろう〉ということです。これから進める記述は、すべてこの「生命論パラダイム」による原点回帰の立論です（なお、先のプリゴジン博士の言説でも参照しましたように、経営の世界では線形性と非線形性とが綯《な》い合わされています。線形論的判断が妥当する局面では「機械論パラダイム」が有効に機能します。非線形論が適用されるべき局面では「生命論パラダイム」が有効に機能します。現実の経営ではその両者が効果的に使い分けられます）。

「生命論パラダイム」のキーワードをあらかじめ一覧的に図表化しておきます。〈図3〉をご覧ください。

用語について〝はじめに〟で示した〈図1〉と対比させながら解説（詳細は〈補注〉参照）しておきます。

まず、図の横軸からです。

①〈アフォーダンス〉状況適応能力。状況を読み、状況に即応しながらつど最適行動が取れることです。

②〈アブダクション〉状況創出能力。覚悟を定めて意志的・選択的に状況を開鑿することです。

③〈アテンダンス〉状況を的確に読み、状況に過不足なく適合し、さらには状況を適切に創出するためには、人はよほどしっかりした〈立ち位置〉を一定の覚悟の下で選び取らねばなりません。組織活動を強力かつ整斉と進めるためには、会社には揺るぎない信念に裏打ちされた明確なキー・コンセプトがなければなりません。会社創業の精神とか社是などがそれです。組織だけでなく個人でもそうです。それを本書では〈アテンダンス〉と呼ぶこととします。

次は、図の縦軸です。

④〈オートポイエーシス＝エマージェンス〉「やる気の喚起」、メンバー各人の創発的意欲がおのずから自己組織的に秩序づけられる機序のことです。

⑤〈ストレンジ・アトラクター＝コヒーレンス〉「やる気を束ねる」ための会社の中核価値のことです。組織パワーを求心的に吸引する、いわば「台風の目」のようなものです。

次ぎは、図の各象限の説明です。

⑥〈シナジェティクス〉周囲と共鳴・共振しながらメンバーの一致共同を組成することです。

⑦〈ヒステリシス〉状況を読み解きながら、それまでにたどってきた経路に即して進むことです。

⑧〈セレクター〉的確に状況を選択することです。それには決断力が求められます。

⑨〈ホメオスタシス〉組織体制内で恒常的安定性を維持・確保することです。それにはマネジメント力が求められます。

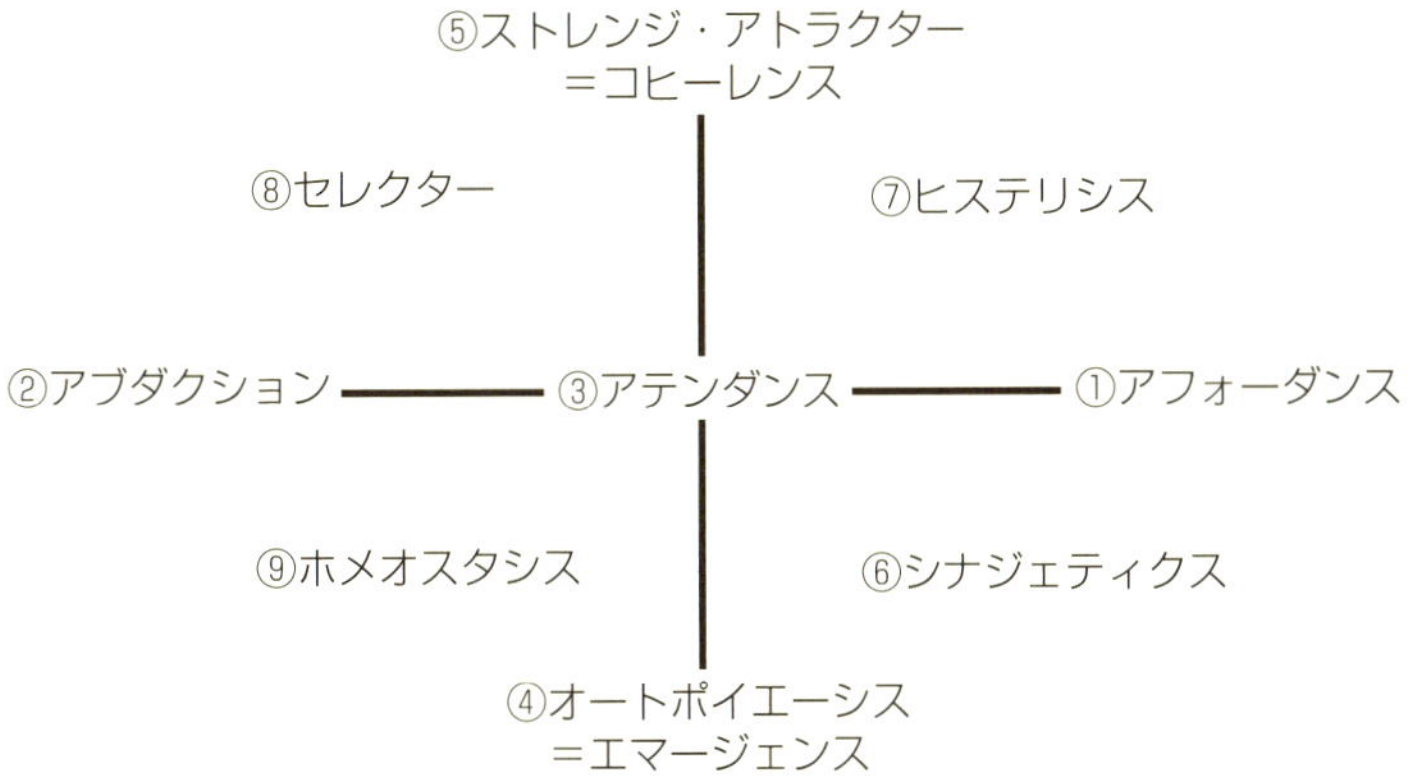


図3

会社組織であれどんなアソシエーションであれ、人間が組織的に集団行動を行う際には、多かれ少なかれ上記のようなサイクリカルな組織現象が共通して見られます。その根底にあってこのサイクルを駆動するパラダイムが「生命論パラダイム」です。「機械論パラダイム」が要素（部分）の働きに焦点化するのと違って「生命論パラダイム」はトータルなプロセスに焦点を当てます。

## 〈補注〉アフォーダンス、アブダクション、アテンダンスほか用語解説

前著『働く女性のための〈リーダーシップ〉講義』と一部重複しますが、本文中に記載の〈カタカナ用語〉の解説、ならびに「非平衡（非線形）複雑系」の振る舞いについての素描を〈図3〉に従って以下で行っておきます。

①アフォーダンス（affordance）

「アメリカの知覚心理学者ギブソンの用語。ギブソンの「生態学的光学」によると、環境のさまざまな面から反射されて構造化された「包囲光」にはアフォーダンスに対応する「情報」が含まれており、生物は進化の過程でこの情報を抽出することのできる知覚システムを発達させてきたとみなされる。したがってアフォーダンスは与えられた感覚に基づいて推論や解釈といった内的過程によってとらえられるのではなく、直接的に知覚されると考えられる。これは知覚に備わる能動的な身体的活動により可能となると考えられている。知覚と行為の相補性という観点がギブソンの知覚論の基本である。ギブソンは現代の認知主義への批判者の一人であると同時に、状況の役割を強調する認知理論創始者の一人という位置を与えられている」。（『岩波　哲学・思想事典』より）。（『生態学的知覚システム―感性をとらえなおす』ギブソン〈東京大学出版会〉参照）。

組織は無限に連なる関係性（利用可能な四囲の環境条件・資源状況）のネットワークにアフォードされながら、その中で自らの自立性をつど構成しています。いいかえれば、自らの自立性をつど構成しながら自分の周りに関係性のネットワークを不断に編成、再編成しつつ自己の存続自体をアフォードしています。その際に留意されるべきは、関係性のネットワークの共振的協働（シナジェティクス）の組成であり、加えて、これまでに組織がたどってきた発展経路（ヒステリシス＝組織文化）との整合性への配慮です。（「アフォーダンス」については、『アフォーダンスの心理学　生態心理学への道』エドワード・S・リード〈新曜社〉、『アフォーダンスの構造　知覚研究の生態心理学的デザイ

ン』佐々木政人／三嶋博之―編訳）〈東京大学出版会〉を参照）。

②アブダクション（abduction）

「パースによる科学的探究の方法の一つとして定式化されたもの。日本語では「仮説形成」とか「仮説的推論」と訳されることもある。パースの科学的方法論では、われわれの科学的探究は、ある仮説の必然的帰結を確定するところの演繹と、この帰結が観察事実といかに近似しているかを検証するところの帰納に先立って、それまで説明の与えられていない不規則的現象のうちに一つの仮説的秩序を見出す過程としてのアブダクションが遂行されるとされる。これは、ある所与の現象を有意味で合理的な全体として把握するために、その現象を仮構的に解読しようとする過程であり、その真理性には何らの論理的保証もないが、しかしその合理性を完全に否定することは科学的知識全体を不合理なものに帰着させることになるとされている。このような発見の論理については、現在その基礎をめぐって認知心理学的な研究が進められているとともに、工学的デザインその他の分野でその応用が模索されている」。（『岩波 哲学・思想事典』）より）。

企業経営は大なり小なり意思決定の曼荼羅です。企業ではあらゆる場所で、あらゆる時に何らかの意思決定がなされています。それには大きく分けて次の三つの局面があります。

一つは、それによって成員各人の活動性能（アクティビティ）をいかに賦活するかであり、二つは、その成員の働きに方向性を与え、それを具体的成果に結びつける管理性能（マネジャビリティ）

の向上であり、三つは、企業活動全体をつねに最適状態に維持・到達させる統治性能（ガバナビリティ）の確立です。いずれもそこには定式・公式はありません。つど自ら思考訓練（試行錯誤も含めて）しながら決断的に方途を選択する（セレクター）しかありません。選択（セレクター）の基準は恒常的安定性（ホメオスタシス）をいかに確保するかにあります

### ③アテンダンス（attendance）（企投性）

これは筆者の語用ですが、状況へどう対処するかの構え、態度、姿勢を覚悟を決めて自己定立することです。企投性（投企性）といってもよいでしょう。人間は全人格を賭けてつどそのようにして生きています。組織も同様です。いいかえれば、そういう生き方を通して人（組織）は統合的自己を形成しているのです。〈図1〉での〈「会社」とは〉、〈「働く」とは〉の究極はこの「統合的自己」（アテンダンス）をどう定立するかにあります。

企投性（投企性）〈（独）Entwurf〉はハイデガーが『存在と時間』において導入した概念です。「現存在（人間）と世界との関わりを刺激・反応、感覚・意志行為などの従来からの概念を用いて記述しないで、現存在の開示という包括的な概念を用いて表したもの」。「開示性の能動的側面を了解（あるいは理解）といい、受動的側面を情状性（あるいは情態性）というが、了解の構造を示すのが投企である」。「現存在の振る舞いはすべて何らかの〈可能性〉へ向けて投企することである」。「後期のハイデガーは現存在の振る舞いの可能性を描き出す投企が時代に固有な存在のあり方に制約され逆に投

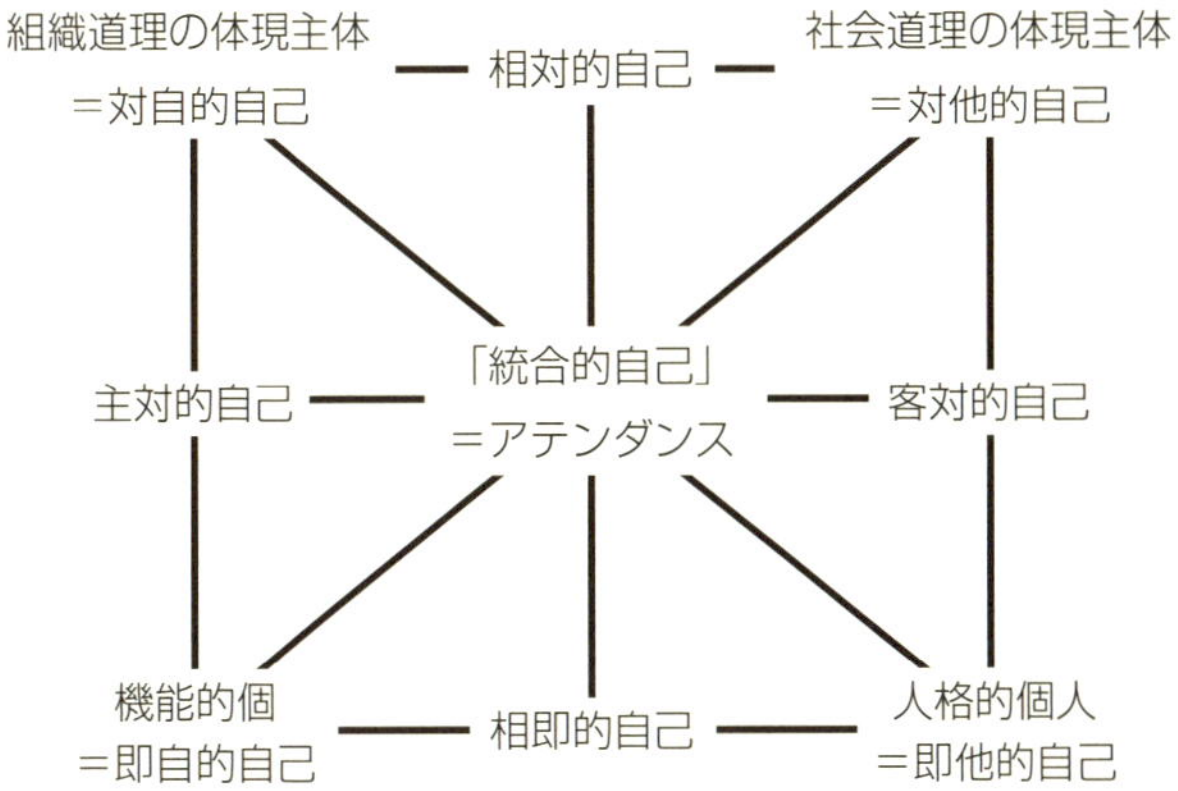

図4

企されているという〈存在史〉の立場をとった」が、「サルトルは、投企の能動的側面を強調して自己の可能性を選択する〈対自〉の投企が状況に意味を与える源泉だとし、メルロ＝ポンティは、あらゆる主題的選択や思考の根底には、より一般的な〈身体的実存〉の投企があるとした」。（「」内は『岩波 哲学・思想学事典』）。本書でいう「アテンダンス」とは、「現存在の実存（全身心）」を賭けての「投企的振る舞い」のことをいいます。

「統合的人格」（アテンダンス）は図解すれば〈図4〉のように示せます。この図はこれからも姿を変えて何度も登場します。

本図では〈対他的自己と対自的自己〉の間に〈相対的自己〉が、〈即他的自己と即自的自己〉の間に〈相即的自己〉が、また、〈対他的自己と即他的自己〉の間に〈客対的自己〉が、〈対自的自己と即自的自己〉の間に〈主対的自己〉が配されています。

このことは次のことを示します。「職業人」たる者は、自己を相対視することのできる〈相対的自己〉でありつつ、自己本来の生き方も崩さない〈相即的自己〉でもあるということであり、同時に、自己を客対視することのできる〈客対的自己〉でありつつ、同時に自己に主対的に向き合うことのできる〈主対的自己〉でもあるということです。要するに、八方に目配りのできるバランスの取れた「自己」だということです。それが「統合的自己」です。

もう少し敷衍します。「自己」は四つの象限を生きています。〈対自的自己〉（組織道理に照らして自己を顧慮し組織道理を体現する自己）と、〈即自的自己〉（組織にあって個的機能存在として自己実現を目指す自己）との間で人は〈主対的自己〉（自分らしく振る舞う自己）を生きます。〈対他的自己〉（社会道理に照らして自己を省察し社会道理を体現する自己）と、〈即他的自己〉（社会にあって人格的存在として他者への奉仕を心掛ける自己）との間で人は〈客対的自己〉（他者を巧みに迎接できる存在）となろうと努めます。〈即自的自己〉と〈即他的自己〉の間で人は真剣に自分自身と向き合う〈相即的自己〉を生きます。〈対自的自己〉と〈対他的自己〉の間で人は自己反省的に真剣に他者と向き合う〈相対的自己〉を生きます。これらすべてが「自己」の内部でバランスよく調律されたとき、人は「統合的自己」へと成熟していきます。（「統合的自己」は目指されるべき目標であって、人の一生はそこに至ろうとする不断の努力のプロセスです）。

次のようにいいかえることができます。「統合的自己」へと成熟することによって〈対自的自己〉と〈対他的自己〉との間、〈即自的自己〉と〈即他的自己〉の間が調停され、同時に、〈即自的自己〉

と〈対自的自己〉の間、〈即他的自己〉と〈対他的自己〉の間も調停される。その相互調停をなし得てはじめて、その場で確たる自己定立（アテンダンス）を果たし得る「統合的自己」すなわち、円満具足の「自己」が誕生する、と。

「自己」をそのまま「会社」に置き換えることが可能です。「会社」もそうやって自己定立（アテンダンス）を果たしています。

アフォーダンス・アブダクション・アテンダンスについて補足します。

われわれは自らが住み込む環境のなかでさまざまな〈行為の可能性〉を選択しながら生きています。それは特定の行為を促す〈環境からの選択圧〉に対するわれわれの主体的応答といってよいでしょう。そこにあるのはわれわれと環境との相互の〈自律的な関係〉であって制御したり制御されたりという〈他律的な関係〉ではありません。つまり、われわれは〈われわれと環境の間に生まれる相互作用関係の可能性のセット〉のなかで環境と共生しているのです。〈環境からの選択圧〉とは、われわれがこの〈可能性のセット〉のなかから最も環境適合的な組み合わせを〈選択〉すべく条件づけられていることにほかなりません。

つまり、われわれがその〈可能性のセット〉を覚知できるのは環境からのはたらきかけに対するわれわれの応答、およびわれわれが環境に積極的にはたらきかけることから引き出される環境からの応答によってです。そこでは選択は同時に被選択です。そこでの大事なポイントは双方向的〈はたらきかけ〉における人間の受動的能動性ないしは能動的受動性にあります。われわれが生きるということはこの自律的相互関係性を巧みに調停することです。能動性のないところにはそもそも自律性は存在しません。しかし能動性だけが空回りしても関係性は生まれません。受動性なくしては適合的な環境創造はできません。しかし受動性だけに甘んじるだけではそもそも調停作業が成り立ちません。ギブソンはその相互作用関係を〝アフォーダンス〟と呼びます。「切りわけ」「身わけ」「言わけ」「仕わけ」とは端的にいってこのアフォーダンス能力を暗黙知・身体知・言語知・メタ言語知の各局面において十全に発現させることにほかなりません。

〝アフォーダンス〟とは「環境の変化の幅に相応した行動の変異の幅を産出する能力、および最も成功した行動の変異を選択しその行動の変異を産出する能力を維持する能力」(『アフォーダンスの心理学』エドワード・S・リード〈新曜社〉)のことです。いいかえれば、環境から提供される〈可能性のセット〉のなかから最適組み合わせを〈選択〉し、その間を巧みに調停し、それを通して破綻することのない構成的世界理解に到達しようとするのが「切りわけ」「身わけ」「言わけ」「仕わけ」という営為です。

ここでいう構成的世界理解とは、合理的推論に先立ってある仮説を予見（所与としての予見ではない）的に設定（アブダクション）し、その仮説と斉合性のとれた理解を確率推論的に逐次的に導きだすことです。〈構成的〉ということの意味は、環境条件自体がわれわれの活動と相互作用し合う相補的相関項同士であるからそこにはいわば「不確定性原理」がはたらいており、したがって解導出のプロセスで仮説自体が変容をこうむるためその世界理解はおのずから〈エコロジカルな共進化的・構成的理解〉とならざるを得ないということです。つまり〈構成的理解〉とは、われわれが環境をどのように変化させることができるか、環境との関係において自らをどのように変化させるべきか、それをもとに今後環境との間を行為的にどう調停すればよいか、を理解することです。すなわち、あらかじめ与えられた真理値と認知体系のもとでインダクション（帰納）やディダクション（演繹）の論理操作を繰り返すことで一義的に一つの解を導き出すのと違って、あくまでも一つの仮説から出発する確率推論的な解導出ですから、そこで得られる解は当然に多義的な解釈を許すものとならざるを得ず、したがってそれは最適解ではなくあくまでも満足解（サイモン）でしかないこと、しかも時間経過とともにその解自体が生成変化するものであることを知ることです。

これらの〈構成的世界理解〉が破綻なく成立するために重要なのは、それが多義的な解釈と生成変化に対して開かれていること、つまりその仮説定立（すなわちアブダクション・プロセス）が関与者全員から納得をもって承認されること、かつその確率論的推論プロセスが透明であることです。仮説定立に際して〈必要ないもの〉〈なくてもよいもの〉としていったんは棄却した前提条件を繰り返し再検討の俎上に載せ、解を導く確率的推論プロセスをさまざまにシミュレーションし直し、それによって関与者の理解を成熟させていくことです（これはリーダー、特にトップリーダーに課された重要な使命です）。このように「切りわけ」「身わけ」「言わけ」「仕わけ」とは、平衡状態においてそこに成立しているであろう何らかの定理を見つけ出そうとするのではなく、自らの責任行為（それには直感力・想像力・洞察力・感性が総動員されます）によって非平衡状態に何らかの論理的道筋をつけ、それによってより高次の均衡状態（硬直化した平衡状態ではない）へ向けて持続的進化プロセスを不断に生みだすことです。そこに含意されているのは、動的均衡の連続的構築プロセスのなかでこそ人・組織・社会は機能的安定性・構造的可塑性を獲得していけるという理解、〈組織～個～個人～社会～組織……〉の間の相互調停の仕組みもそのなかで高度化していくという判断、ひいては経営も社会的・文化的制度もそれを通して重層的、累積的、連続的に進化発展していくという認識です。

要するに、われわれが遭遇する現実世界は確率・統計的推論が必要な非線形的プロセスが支配する（もちろん関数計算的処理が可能な線形的プロセスも綯《な》い交ぜになっていますが）複雑系であり、したがってこの複雑系に対処するには現実事象のうちに仮説的秩序体系を予見し、その予見された秩序体系をもとに自らの責任において現実事象を解読ないしはそれをもとに再構成していくしかないということです。

④オートポイエーシス（autopoiesis）（自己創出性）＝エマージェンス（emergence）（創発性）。

エマージェンス（「創発」）とは、進化論・システム論の用語です。「生物進化の過程やシステムの発展過程において、先行する条件からは予測や説明のできない新しい特性が生み出されること」（「広辞苑」）です。つまり、「創発」とは組織が異種混淆や相互作用を通して、いままでにない新しい性質を獲得していく特性のことです。

オートポイエーシス（自己創出性）とは、「揺らぎ（エマージェンス効果）を通しての自己組織化」、「非平衡複雑開放系の組織がもつ頑健性」などといった生命論的な概念です。

企業という複雑系は外部環境に対して開かれた系です。外部環境と相互作用しつつ自励発展します。しかも複雑系は外部との境界を自ら区画するエネルギー流でもあります。そういう意味では閉ざされた系ともいえます。この開かれつつ閉ざされ、閉ざされつつ開かれた系としてのあり様は〝渦流〟（あるいは〝台風〟）のイメージがピッタリです。

それは、外部から不断にエネルギーを備給しつつ、内部の〝ゆらぎ〟や外部から加えられる〝摂動〟を自らの経路履歴（ヒステリシス……後記）にとり込みながら、系の生成物（エントロピーとネゲントロピー）を自己消化し、あるいはそれを系の外へと散逸させて系の状態を非平衡のまま定常的な「安定」プロセスとして維持していきます（ホメオスタシス……後記）。それは動力学的プロセスとして存続する限りで定常的に安定な形状を保つのであって、中心へと吸引するストレンジ・アトラクター（中核価値……後記）の力が弱いとき、セレクター（経路選択性……後記）としての環境条件への適応に失敗したとき、ヒステリシス（経路履歴性……後記）のエネルギー流をうまく捕捉できないとき、つまり「場の振る舞い」の動的相関（オートポイエーシス・システム）が崩れたとき自壊します。

この開かれつつ閉じられ、閉じつつ開かれた系の振る舞いの特性を〝オートポイエーシス〟と呼びます。オートポイエーシス・システムは「自らの作動を通じて自己を産出する自己言及的システム」であり、「自己自身と相互作用するよう円環的な作動を反復」し、その「作動を継続することではじめて閉鎖的なループを形成しうる生成プロセスの連鎖である」とされます。それはあたかも「地面の上を猛スピードで円を描くように走り続ける疾走者は、観察者からみたときはシステムの境界を産出しているように見えるが、疾走者が走りやめば境界はたちまち消滅する」ように「システムの閉じられた境界はシステムの作動に依存している」のであって、本来は「〈内外も外部もない〉という形で開かれて」います。「閉じて作動するが故に開かれている」（マトゥラナ）といわれるゆえんです。（以上、「」内は河本英夫訳『オートポイエーシス　生命システムとは何か』H・R・マトゥラナ／F・J・ヴァレラ〈国文社〉）。

企業もまたそういう意味でオートポイエーシス・システムです。それを駆動する〈あるいは働きを画定する〉超越的な、あるいは外在的な力はどこにも存在していません。平衡から遠く離れた非平衡不安定状態に置かれた系が内発する〝ゆらぎ〟、あるいは外から加えられる〝摂動〟を通して自己組織化するプロセスとしてのみ、それは存在します。

したがって、企業経営にとって大切なことは、〝ゆらぎ〟を起こしやすくし〝摂動〟をとり入れやすくするよう系全体を開いていくことです。〝ゆらぎ〟〝摂動〟は非線形相互作用によって自己触媒的に増幅されていきます。時には逸脱や暴走のような、系自体を崩壊させる懼《おそ》れのある異常昂進をもたらすことはあっても、かえってそれが系全体を異次元へと相転移的に進化させる契機ともなり得ます。経営にとって大切なことはその見極めです。それも経営意思をもって作為的に操作するというより、系のもつオートポイエーシスのハタラキを最大限に賦活する方向へと経営者自らがオートポイエーシス（自己組織化的振る舞い）の相関項として機能することです。経営者の使命は系をそのような状態に把持し続けることにあります。

しかしながら、オートポイエーシスのもつ認知フィードバック性が自己回帰的自同性へと自己拘束化すれば系を自閉的なフェティシュに陥らせる原因ともなりかねません。つまり、オートポイエーシス的に形成された「親和圏」ではやがてその内側で超越的規範作用が強化されていき、そうして範域内の規範作用が強化されていくと、「規範性」は現実世界の具体相からしだいに距離化していってやがて系は閉ざされていくことになります。そうなると、そこでの「規範」は「経験的な現前可能性が一切なくても」厳然としてそこに存在し得ることとなり、そこに新たな次元での規範性とそれを体現する超越者像が仮構されてくることとなります。こうして「権力者の審級」、「絶対者の審級」が出現すると、それにともなって「規範体系」は「権力装置化」していき、つれてエントロピーの散逸は不全となり系はやがて腐敗します（「」内は大沢眞幸『身体の比較社会学・I』〈勁草書房〉）。このフェティシュ化を避ける方途は別途講じられなければなりませんが、それをするのが経営トップの役割です（後記）。

⑤ストレンジ・アトラクター（strange attractor）（求心性）＝コヒーレンス（coherence）（結束性）

組織がエマージェント（創発的）な「環境ゆらぎ」と同調して、自己のコヒーレンス（結束された最適適合性）を保持するには、自らの「構造・機能」を不断に組み替えていく柔軟性が求められますが、それにはそこに求心的な中核価値（ストレンジ・アトラクター）がなければなりません。これは「非平衡複雑系」に特有の「カオス的秩序」形成の原理です。

企業活動は「非平衡複雑系」のカオス的振る舞いです。その特徴は動態的な「秩序」形成力にあります。そこにはさまざまな〝ゆらぎ〟を秩序形成の動因として（自らも〝ゆらぎ〟となって）引き込むストレンジ・アトラクターの働きがあります。それは定型的に反復されるような時間可逆的な振る舞いではなく不可逆的なプロセスであってその「生成性」に特徴があります。カオス的振る舞いのなかには、ときには系を大きく逸脱するサイクルが発生することがあっても、それは再び系に吸収され、逆に系を活性化する契機となります。それには〝渦流〟（または〝台風〟）のイメージがいちばんピッタリします。〝渦流〟を形成する水分子はつねに入れ替わって瞬時も止まりませんが、そこに形成されている〝渦〟はつねに形状を変えつつも定常的にそこにあります。一時的撹乱はあっても周囲の環境条件を織り込みつついつも安定した形状を保ちます。その〝渦〟の中心に見られるのがストレンジ・アトラクターです。いわば「台風の目」です。

「新たな部分間の巨視的相関を通して巨視的な空間パターンが出現し、コヒーレントな非平衡相転移が系全体に行きわたる中で、系は漸近安定性をもった軌道に沿って履歴現象を描きつつ、有限次元相空間に埋め込まれた有限次元アトラクターへと収束していく」（プリゴジン『混沌からの秩序』）。

企業という「場所」もひとつの〝渦〟のごときものです。さまざまなエネギー流をとり込みつつ、そこからまた新たなエネルギー流（エントロピー、ネゲントロピー）を流出させ、自らの形状を一定に保っています。その中心にあって系全体を秩序へとつなぎとめている吸引力としてのストレンジ・アトラクターが、企業の場合、たとえば「経営理念」・「ビジョン」・「創業の精神」、あるいは端的にいって「リーダーシップ」です。経営者その人自身、および経営者が発する「言霊《ことだま》」もそれです。それは内発的な吸引力の中心であって決して系の外から作用する外力ではありません。超越的規範として外挿的にアプリオリに設定されるものではなく、自律的、自足的に形成されるアポステリオリな焦点、すなわちプロセスの中で後成的に生成される中心、いわば自らを巻き込む中心です。

〝渦流〟が形成されるためにはエネルギー流とストレンジ・アトラクターのほかに、媒質の粘性などの「拘束条件」や、「場」の抵抗など「構造的制約条件」が必要なのと同様に、企業の「秩序形成」にとってはエネルギー流としての「企業活動」とストレンジ・アトラクターとしての「経営理念」もさることながら、同時に粘性、抵抗力として「場」に働く環境条件、すなわち、顧客・マーケット動向、諸々の「行為・体験」、「出来事・経験」、「知識・情報」、「メタ知識情報」（「行為・体験」以下……については後記）の相関とその集積、およびその担い手である成員各人の振る舞いの自立（律）性、多様性、独創性などが必要です。粘性、拘束条件、抵抗などのないところでは形態形成（秩序形成）は起こりません。

なお、企業の「拘束条件」・「構造的制約条件」などはこのように一方ではその企業に独特の形態形成因となって作用しますが、同時に他方では、外界や状況の変化に対する機動的な対応力ともなること、あるいはそれが習慣的な慣性力となって試行錯誤の不経済性を減らす要因ともなること、またそれによって組織に頑健性を付与する契機ともなること、それがまた逆に、場合によってはフェティシュ化することによって組織の脆弱性の原因ともなり得ること、等々、複雑（相補的あるいは相反的）な機序も内包していることにも併せ留意する必要があります。

「経営理念」は企業によってさまざまな形式（オースチンに倣えば①判定宣告型、②権限行使型、③行為拘束型、④態度表明型、⑤言明解説型〈青木保『儀礼の象徴性』〈岩波書店〉より〉など、あるいはその複合型）があり得ても、企業に固有の拘束条件・制約条件を捨象した次元で発語される限りは定型的・類型的な内容（同工異曲）とならざるを得ません。いいかえれば、「経営理念」がそれとして「意味」と「価値」をもち得るのは、しっかりと企業固有の現実的諸条件を踏まえ、それに則して「発語」される場合だけです。

⑥シナジェティクス（synergetics）（同期性、共鳴・共振性）

関係性は関係性の関係性、そのまた関係性……という具合に互いに輻輳《ふくそう》し合ってダイナミックな関係性のネットワークを構成します。問題はそれをいかに多様に、多彩に協調・共鳴・共振させるかです。そこをいかに豊かな交響の場に編成するかです。

創発的意欲にあふれたメンバー同士の自己組織的な活動を中核価値（ストレンジ・アトラクター）

へと動的に秩序づけるためには、その成員相互の間を強力に緊縛する規範化作用が必要です。管理・統制・指示・命令などではない規範化作用とは何か、「知識・情報」の担い手でかつその活用主体である「個」の自由な振る舞いから、いかにして「全体」の秩序が生まれるか、つまりコンビビアル（イヴァン・イリイチ『コンビビアリティのための道具』〈日本エディタースクール出版〉）な「個」の集合が相互のコラボレーションを通してコヒーレントな秩序を形成する機序は何か、これは企業組織論（ひいては民主主義社会成立）にとって最大の眼目です。

「個」の自由から自生的に秩序が生成され、「全体」の秩序の下に「個」の自由が自律的に〝躾けられる〟、その「個と全体」「自由と秩序」のせめぎあう中間の「場所」に形成される「システム」はそれ自体、動的・生命論的な「過程システム」（北原貞輔『経営進化論―在ることから成ることへのパラダイム転換』〈有斐閣〉）でなければなりません。動的なダイナミズムを規範的に秩序づけるには設計主義思想のもとで人工的に作意された「定型的・制度的システム」では不可能です。

非線形複雑系の自己組織化過程で中心的役割を果たすのは、系全体を巻き込んで近距離相関・遠距離相関を生みだす「リズム共振」です。複雑系はリズムに充ちています。リズム自体は規則的・反復的である必要はありません。重要なのはシナジェティクスの共鳴・共振です。

シナジェティクスとは、「平衡から遠く離れた状態におけるパターン形成や発展などの協力現象」のことです。それは諸種の「運動様式」の協働と拮抗から生まれます。（H・ハーケン『シナジェティクスの基礎―不安定性の階層＝システムとデバイスの自己組織化』〈東海大学出版会〉参照。なお、「シナジェティクス」はバックミンスター・フラーの造語）。

H・ハーケンによれば、「カオスからの良く組織された構造の自律的な形成はエネルギーの流動によってのみ維持される。こうした構造は確率論的な「力」（偶然）と決定論的な「力」（必然）との間の相互作用からもたらされ、自己組織的に発展する」とされます。

要するにシナジェティクスとは、〈生起し振動する場所〉におけるリズムのことです。それは〈すべてを統御する力強い振動〉です（中村雄二郎『述語的世界と制度―場所の論理の彼方へ』〈岩波書店〉）。それは「多数の異なるプロセスや構造が、互いに調和し合いながら、すべて同時に、またはある一定の経路を通って漸進的に形を変えながら、脈動する」（プリゴジン／スタンジェール『混沌からの秩序』〈みすず書房〉）生命の基本構図です。それはあたかも成員各人が奏するさまざまな音節が一つの楽曲へと編集されていくプロセスのようなものです。各音節はそれ自体独立して聞くことができるリズムを持っているでしょうが大切なことは一つの楽曲が与えられることでそれぞれの音節がシナジェティックにその楽曲に向けて自己言及的に自らのリズムを自己組織化することです。音節が楽曲を求めてばらばらにさ迷うのではなく、音節は楽曲を待ち受けていて、それへ向けて自己を調律するのです。企業という「場所」も共鳴・共振することを待ち受けている「個」のリズムで充満した「場所」です。経営とは、そのような「リズム共振」の場を〝しつらえ〟、その「場」に相応しい楽曲を成員各人に提示することです。この待ち受けるリズムの束にコヒーレントな共振の相関をもたらすのが経営トップの役割です（ジョン・ケイオー『知識創造の経営法則―ジャミング理論が企業を元気にする』〈徳間書店〉参照)。

⑦ヒステリシス(hysteresis)(経路依存性)

「状況」は自生自展するダイナミックな遷移過程です。状況は自らの「状態変化」に自己拘束されながら自らの状況およびその行動様式を選択します。その経路依存現象の全過程を総称してヒステリシスといいます。いいかえればヒステリシスとは、系がその「状態変化」によって、つまり「部分と全体の間のフィードバックによる空間―時間の修正によって、外界からの撹乱に対して構造安定性を高めつつ、また空間の限られた領域内で活性をあげながら、系をより進んだ進化へと導く」(プリゴジン/スタンジェール『混沌からの秩序』)不断のプロセスのことです。このプロセスを通して、系は「個々の構成要素の性質を超越した新たな集団的性質」を順次獲得していきます(同)。そしてこの自己言及的なプロセスの進化がまた履歴現象(ヒステリシス)となって、プロセス自体をさらに進化させていきます。

企業経営も、そのような多次元的進化の関数過程だという意味でひとつの「状況関数」の体系です。経営者によってなされる意思決定過程も、さらには経営者その人自身も諸々の「行為・体験」、「出来事・経験」、「知識・情報」、「メタ知識情報」(「」内はそれぞれ、〈暗黙知の「切りわけ」〉・〈身体知の「身わけ」〉・〈言語知の「言わけ」〉・〈メタ言語知の「仕わけ」〉に対応します……この点については後記〈図5〉〈図6〉を参照)の多項的関数関係を形成する中のひとつの「項」にしかすぎません。では、そのような経路依存過程のダイナミクスの内実はどうでしょうか。「行為・体験」「出来事・経験」は、「知識・情報」「メタ知識情報」として全系の運動過程のなかに埋め込まれます。「行為・体験」が「出来事・経験」化され、「出来事・経験」が「知識・情報」化され、それがまた「行為・体験」「出来事・経験」の内実をより豊富化するという知のサイクルは、企業組織のなかの「知」の創発プロセス（「暗黙知」―「身体知」―「言語知」―「メタ言語知」の「知」の全生成過程）としっかりと平仄《ひょうそく》が合っていなければなりません。

この「知」の創発プロセスが、企業のヒステリシスを形成します。そういう意味では企業経営は壮大な「知」のダイナミクスなのだといってよいでしょう。「行為・体験」「出来事・経験」は、ただ生（なま）のまま蓄積されるだけでは、つまりそれが「知」へと抱握され「知識・情報」「メタ知識情報」として生きて活用されるのでないかぎりは単なるデータに止まります。「知識・情報」「メタ知識情報」として経営現場で知価資源として実際の用に供されてはじめてそれは生きてハタラク「知」となります。そのためには、「行為・体験」／「出来事・経験」／「知識・情報」／「メタ知識情報」は、それぞれ「暗黙知」／「身体知」／「言語知」／「メタ言語知」による「知」のサイクルを内実として「構造」―「機能」化されなければなりません。あたかも遺伝情報が遺伝子のなかに蓄えられ、環境条件の変化によってそれに適合する遺伝情報が働き、それに伴って遺伝子構造も組み替えられていくのと同じようにです。生体が遺伝情報の容れものであるように、企業も「行為・体験」

／「出来事・経験」／「知識・情報」／「メタ知識情報の「知」の遺伝情報が「構造」―「機能」として蓄えられたヴィークル（乗り物）です。しかも、その内部構造および機能は「暗黙知」／「身体知」／「言語知」／「メタ言語知」の〈知の創発〉サイクルによって刻々と再編されています。マネジメントの変革とは、これら一連のプロセスを不断に活性化することです。いいかえれば、膨大な「知」の相互作用が織りなすヒステリシスに自らを一体的に抱握させていくのが「マネジメント」なのだといってよいでしょう。そして、そのヒステリシスの向かうであろう方向を決定する環境条件の変化の予知がすなわち「経営判断」であり、その適否が「リーダーシップ」および「マネジメント」、「ガバナンス」の成否を決するのです。したがって、経営者にとって基本的に大事な資質としては、いわば「歴史家」の状況分析力が挙げられます。そういう意味では経営者はすべからく「歴史家」でなければなりません。歴史家に求められる最大の資質は自己相対化の能力です。「事実」の解釈、すなわちそれが語る「真実」に耳を傾け、つねにそれによって自分の「判断」を柔軟に変えていく謙虚さです。些末と思われる新しい「事実」のもつ意味を、あるいはそこから提示される反証を全体の流れの中につねに位置づけし直し自分の行動パターンや、思考のパラダイム自体を変えていく弾力性をもつことです。しかし同時に、歴史家は自らの確たる「歴史観」をもたねばなりません。「事実」をもって語らしめるだけで能事了《おわ》れりとするわけにはいきません。それだけでは責任の回避であり、ましてや時代の展望を開くことはできません。嚮導《きょうどう》する方向を指し示すだけの見識、すなわち「歴史観」（ヒステリシス・センス）が必要です。経営者が行う日々の意思決定についても事情は同じです。

日々生起する「行為・体験」、「出来事・経験」、「知識・情報」、「メタ知識情報」の連鎖のなかで意味のある〝ゆらぎ〟を発見し、それを大系の共鳴的変異へと結びつけるのが経営者の意思決定です。なかんずく最大の意思決定は、自らの行動パターン、思考のパラダイムを変革することです。決して自らの「権能」を揮うことではありません。権能をもつのは「状況」であって、経営者はいってみれば「状況」の関数であり、「行為・体験」、「出来事・経験」、「知識・情報」、「メタ知識情報」の連鎖をつなぐ一つの機能環にしかすぎないのです。しかしそれは同時に「状況関数」全体を組み替え変化させる力能（役割・エネルギー）ももっていることも忘れてはなりません。この自らのもつ「機能」の「価値」、「力の感覚」、同時にその「不完全性」、「時限性」の自覚が「歴史意識」（ヒステリシス・センス）をもつということです。つまり、自らが「歴史過程」の一部であること、「歴史」と相互作用する「関係的・過程的存在」にほかならないという「自己相対化」の視点を見失わないことです。その自覚によって「行為・体験」、「出来事・経験」、「知識・情報」、「メタ知識情報」は、自らの「基本原理の修正」を迫る契機ともなります。これによってはじめて「経営」は、経営者の「偏見と臆断の産物」であることを免れることができます。

⑧セレクター（selector）（状況適応性）

〝渦流〟（〝台風〟）は環境条件に適応しながらつねに位相を変えつつ状態空間を遷移します。それにつれて環境条件の方も変化していきます。「場」のポテンシャルが内外の環境条件と相互作用する中で、その位相が時々刻々と共軛《きょうやく》的・共役的に変化していくのです。このような変化は非線形過程に特有の現象であり、したがってその進路は確率・統計的手法によっておおよその見当をつける以外は予測不可能です。そこで決定因として作用するのは「状況」そのものというほかありません。線形過程だけの相互作用であってもそれが多数複合され、しかも幾度も繰り返し反復されると系の動きは予測不可能になるのに、非線形相互作用のように自己触媒的自励発展系となりますと確率・統計的な解析による以外には（進路予想はもちろん）系の全体像を把握することすら不可能となります。

企業もこのような〝渦流〟ですから、その全体像把握も進路予測も原理的には確率・統計的手法によって事後検証することができるだけで事前予測は不可能です（せいぜい推論できるだけです）。したがって経営にとっては、全体戦略の策定も進路決定も結局は経営者の状況判断的選択意思、すなわちセレクター機能による以外はないことになります。しかも系の振る舞い自体が状況適応的選択行動ですから、経営者の意思決定も「状況による選択の産物」とならざるを得ません。すなわち、そこでセレクターとして機能しているのは経営者自らをその生成素として含み込んだ「状況」そのものです。

セレクターとは「多くの解が存在し、複雑な分岐現象があり、初めのランダム分布している空間から出発しながら、やがてこれらの巨大な相互関係の集合の中から特定の配列が選び出され、さまざまな組織化されたパターンが現れ、その中から新しい活動が次第に増大して系自体が安定する」（プリゴジン／スタンジェール『混沌からの秩序』）、その「特定配列の選び出し」の機序のことです。経営者の「社運を賭けた決断」なども確率統計的「選択」にほかなりません。経営者はつねに状況を判断して（状況に拘束されて）已《や》むに已まれずそう「選択」させられるのです。

確率・統計的「選択」とは、具体的には「反復思考」「試行錯誤」のことです。経営者の意思決定とはその不断のプロセスのことです。仮説の提示、実行手段の選択、成果検証、新たな仮説の設定、などの各プロセスにおいても関数計算的な線形プロセスが入り込む余地はほとんどありません。思考プロセスの節約のために道具的な便宜的補助手段として、たとえばコンピュータによるシミュレーションが活用されることがあっても、それは意思決定には直接には関わりません。あくまでも自己（同時に他者）説得のための道具的手段でしかありません。せいぜい思考の節約手段です。経営者の選択的意思決定過程（セレクター機能）それ自体が、意識的にせよ無意識的にせよ複雑系思考そのものなのです。

⑨ホメオスタシス（homeostasis）（恒常性）

系の自己維持能力をホメオスタシスといいます。ホメオスタシスとは「生命システムが不断の外的・内的諸変化の中におかれながら、すべての状態を安定な範囲内に保ち生命を維持する性質のこと」（キャノン一八七一——一九四五　アメリカの生理学者。「ホメオスタシス」はキャノンの言葉）です。この恒常性維持機能は企業組織にも本来的に備わっています。それをシステムのサイドからとらえたものがサイバネティクスの概念です。

系のダイナミズムを壊乱する作用が起これば、系はそれを打ち消す反作用を内部に自生させます。さらには、系自らが変容することでその壊乱作用を受容していきます。その反作用、受容作用の経験は系のヒステリシスにいわば〝遺伝情報〟として蓄積されます。こうして系は自らの進路選択と恒常性維持機序とを〝学習〟します。このように系はそれ自体、サイバネティック・システムです。

企業経営においてこのホメオスタシスが十全に機能するよう「場」の状況を〝しつらえる〟のが「マネジメント」の役割です。ホメオスタシスはもともと自動調節機能です。管理し、指示命令し、禁止し、統制することで系の状態を意図的にコントロールするのとは向いている方向が逆です。

では、ホメオスタシスの「場」を〝しつらえる〟にはどうすればよいか、それには業務運営に自己言及的な認知フィードバック・システムをビルトインする以外にありません。つまり、企業を丸ごと〝学習する組織〟へと編成替えすることです。もともと企業は内部資源、外部資源を問わずすべてを環境化してそれとの自己言及的な相互作用を通して無限の「知価連鎖」を創出するプロセスです。企業が自らをホメオスタシスとして保持するということは、内外のステークホルダーとの間でこの「知価連鎖協創」のプロセスを持続的かつ発展的に維持していくことです。この時間空間連鎖のキー概念は「知価」です。「知価」はすべてのステークホルダーによって評価され、それとの相関のなかで実現されます。ステークホルダー（環境条件も含む）との「知価連鎖相関」が不断に鮮度よく生成されるためには企業は自らを環境（すべてのステークホルダー）に対して積極的に開いていくほかありません。これは企業経営を外部評価の目に曝すことでもあります。〝外部評価に曝す〟とは、たとえば、コア・コンピタンスの設定、その評価、それをもとにした資源配分、それを強化する人事組織の仕組み、等々を〈付加価値生産／投入資源〉効果を基準にして不断に組み替えていくことです。〝学習する組織づくり〟とはそのことをいいます。

システム設計のサイドからさまざまなサイバネティック・システム・モデルが考案されます。たとえば、ファースト・サイバネティクスが負のフィードバックによる逸脱の調整だとするなら、セカンド・サバネティクスは正のフィードバックによる逸脱増幅の過程です。ファースト・サイバネティクスが環境への順応的適応だとするなら、セカンド・サイバネティクスは創造的適応を含んでいます。それに対し正と負のフィードバック・ループを相互に組み合わせ、反覆・反転させながら、つまりファーストないしセカンド・サイバネティクスを駆使しながら、システム自体が、さらには周りの環境までもが、再編成・再組織化されていくような制御機構も現に試みられています。しかしそれがあくまでも「制御」（あらかじめ定められた規準に基づく、システムの状態ないし行動の評価およびその支配）であるかぎりは、規準の設定・変更をもっぱらとする意思決定を代替することは不可能です。それができるのは、「生命体システム」のようなホメオスタシス性をもったオートポイエーシス・システムのみです。（『シミュレーション工学』大成幹彦〈オーム社〉参照）。

なおここで、先に⑦ヒステリシスの説明で、「行為・体験」／「出来事・経験」／「知識・情報」／「メタ知識情報」という「知」の総体が組織の遺伝情報としてハタラク旨を記しましたので、この点について若干の補足をしておきます。

これらの組織活動の概要は〈図5〉で示されます。

組織成員の「行為・体験」は、まずは他者との協働の中で（シナジェティクスの効果として）生起

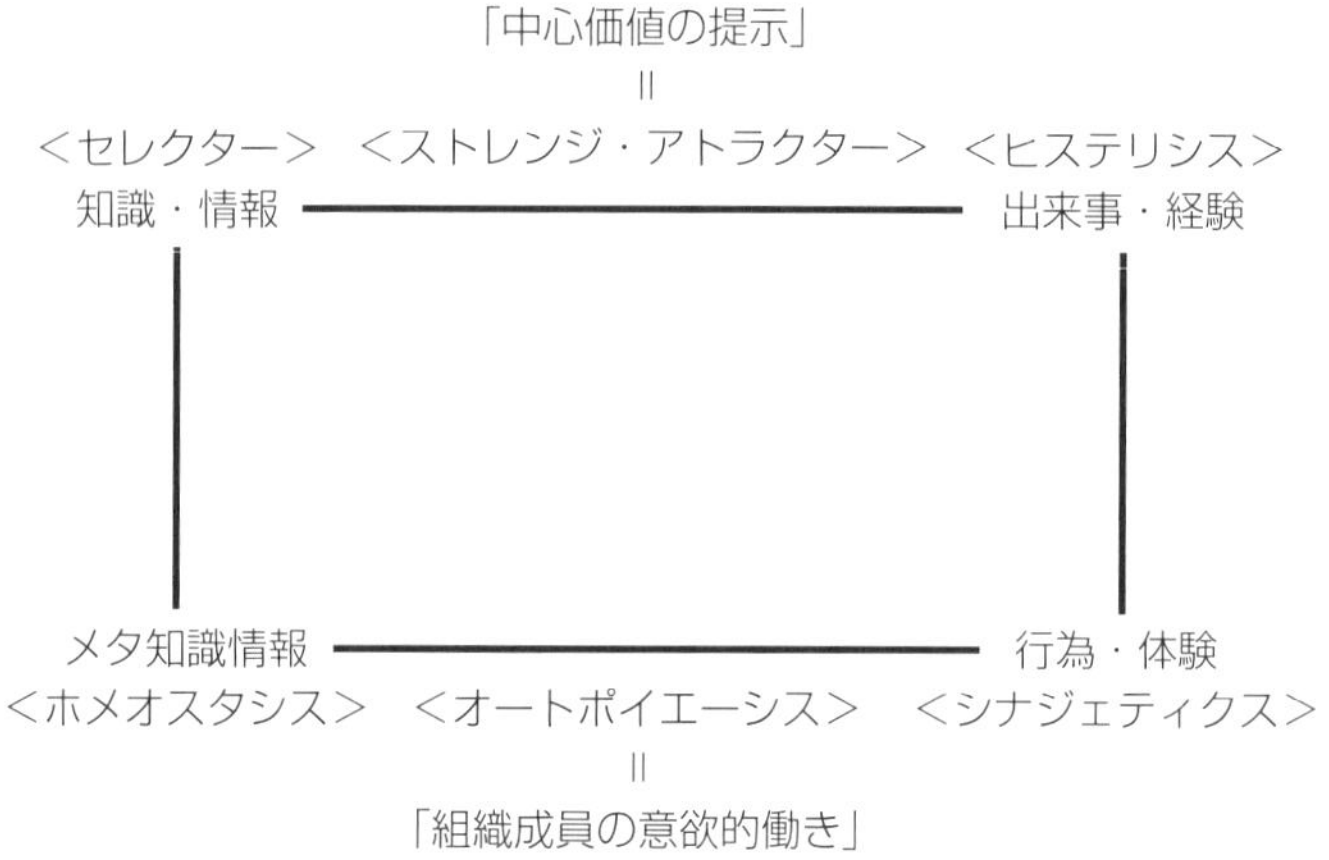


図5

します。「行為・体験」は反復されるうちに当人たちにとって再利用が可能なように「出来事・経験」化されます。こうしてメンバーと共有された（ヒステリシスの組成因としての）「出来事・経験」は他者にもそれが反復利用可能なように「知識・情報」化され、組織の共有資源となって意思決定をサポートします（セレクター）。「知識・情報」は、やがて「知識・情報を活用する知識・情報」すなわち「メタ知識情報」へとデータベース化、システム化されて組織メンバー全員で共活用されるようになり、組織の恒常的発展に資することとなります（ホメオスタシス）。この一連の組織的創発が可能なのは、経営者による組織の中核価値の提示によって場のエネルギー・ベクトルがコヒーレントに束ねられるからであり（ストレンジ・アトラクター）、それを上からの超越的な働きかけによってではなく、おのずから成るように成らしめるのは「組織成員のエマージェントな意欲的働き」によってです

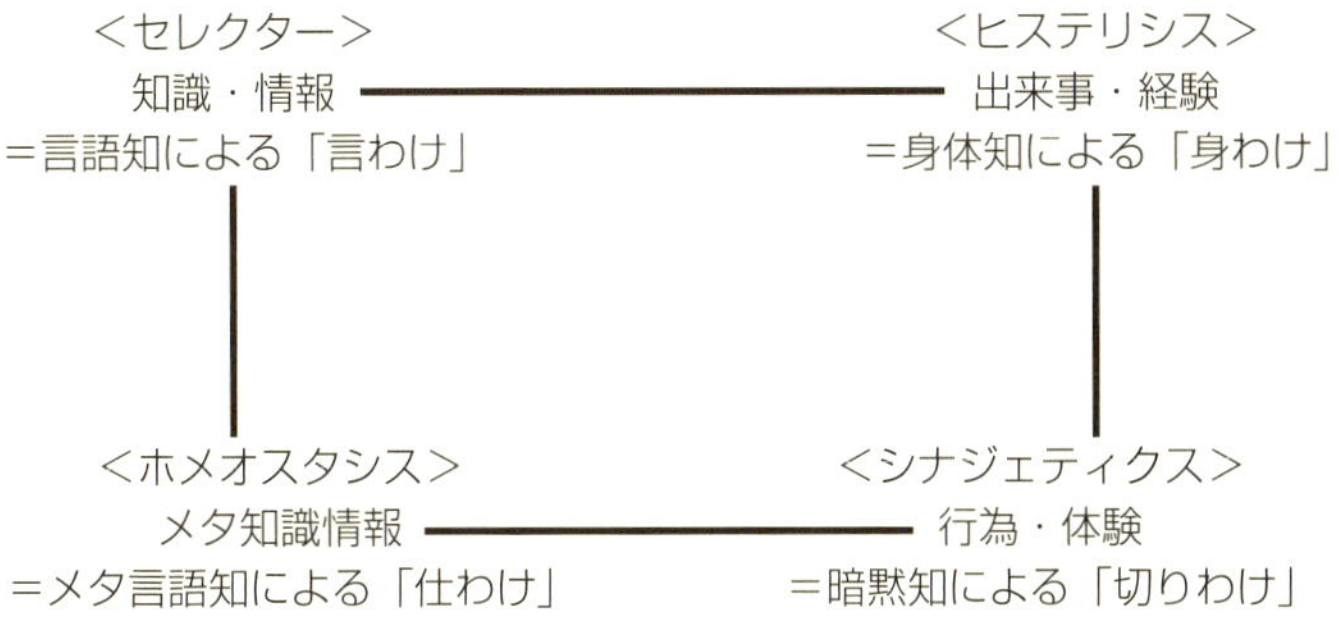


図6

（オートポイエーシス）。

この組織活動の相関は、成員各「個」の知活動とパラレルです。図解すれば〈図6〉のようになります。〈図5〉と重ねて記します。

「行為・体験」は、「暗黙知」によって「切りわけ」られる「知」です。
「出来事・経験」は、「身体知」によって「身わけ」られる「知」です。
「知識・情報」は、「言語知」によって「言わけ」られる「知」です。
「メタ知識・情報」は、「言語知」を活用する「言語知」である「メタ言語知」によって「仕わけ」られる「知」です。

なお、「身わけ」は清水浩氏、「言わけ」は丸山圭三郎氏の語用ですが、「切りわけ」「仕わけ」はそれに倣った筆者の造語であることをお断りしておきます。

「行為・体験」—「出来事・経験」—「知識・情報」—「メタ知識情報」は、〈暗黙知—身体知—言語知—メタ言語知〉の〈知の創発プロセス〉と一体となって組織活動の遺伝情報〈知の「組織文化」〉となります。

「はじめに」の〈補注〉「経営現象学」で記しましたように、企業は「非平衡複雑系」です。つまり、企業は非平衡不安定条件下の〝ゆらぎ〟を通しての自己組織化過程（非平衡複雑系の振る舞い）であってそれ自体が多様な分岐をもった非線形相互作用が生み出す生命的構造です。

そこには一次関数的接近を許容する線形過程と、確率・統計的選択に委ねるほかない非線形過程とが混在しています。しかも非線形過程の分岐点は多くの場合「潜勢化」されており、それが、いつ、どのような形で「顕在化」するかは予測不可能です。多重多元の経路選択を特徴とする非線形過程では、系全体の進路予測は不可能です。〝ゆらぎ〟を通してのシナジェティックな大系的共鳴の中からそれは突然変異的に発現（現実化）するのです。

そして、ストレンジ・アトラクター、セレクター、ヒステリシス、およびオートポイエーシス、ホメオスタシス、シナジェティクスなどの大系的振る舞いから、やがて「系」に「構造」―「機能」的に固有のパターンがもたらされます。その固有のパターンは、いわば「系」の「文化」というべきものです。複雑反応系としての企業にも、こうして企業固有の「構造」―「機能」パターンが生成され、それが「組織文化」となり、それによってはじめて企業は安定軌道上で「進化」する存在となることができます。

なお、〈企業という場所に自生的に生成される「構造」―「機能」〉とはその場所において「行為・体験」／「出来事・経験」／「知識・情報」／「メタ知識情報」が整序される筋道あるいは枠組みのことです。その「構造」―「機能」は、次の五つのパターンとなって現象します。

①　情報伝達ルートの形成
②　情報の網の目、すなわち新たな情報が生成されていく情報結節点の生成
③　行動の範囲ないしは境界の画定
④　行動の目途となる時間・空間的な参照項の布置
⑤　「入れ子構造」型の組織編成

これら五つが組織文化を支える基本の骨組み（「構造」―「機能」）です。これによってはじめて、成員各人の自由な知の振る舞いは自己組織的に自己秩序化されます（『都市のイメージ』ケヴィン・リンチ〈岩波書店〉参照）。

ケヴィン・リンチは都市空間の特性を、①パス、②ノード、③エッジ、④ランドマーク、⑤ディストリクトの五つの側面からとらえます（『都市のイメージ』）。企業空間の「構造」―「機能」も都市のそれと相同です。人間の「集団現象」の典型は都市と企業ですから両者の間にはアナロジーを見ることができます。

①～⑤をイメージ的に図案化すれば次頁の図のようになります。

## 2　〝いのち〟の営み

人間の営為は、家庭生活であれ、企業経営であれ、地域コミュニティ活動であれ、あるいは一国の

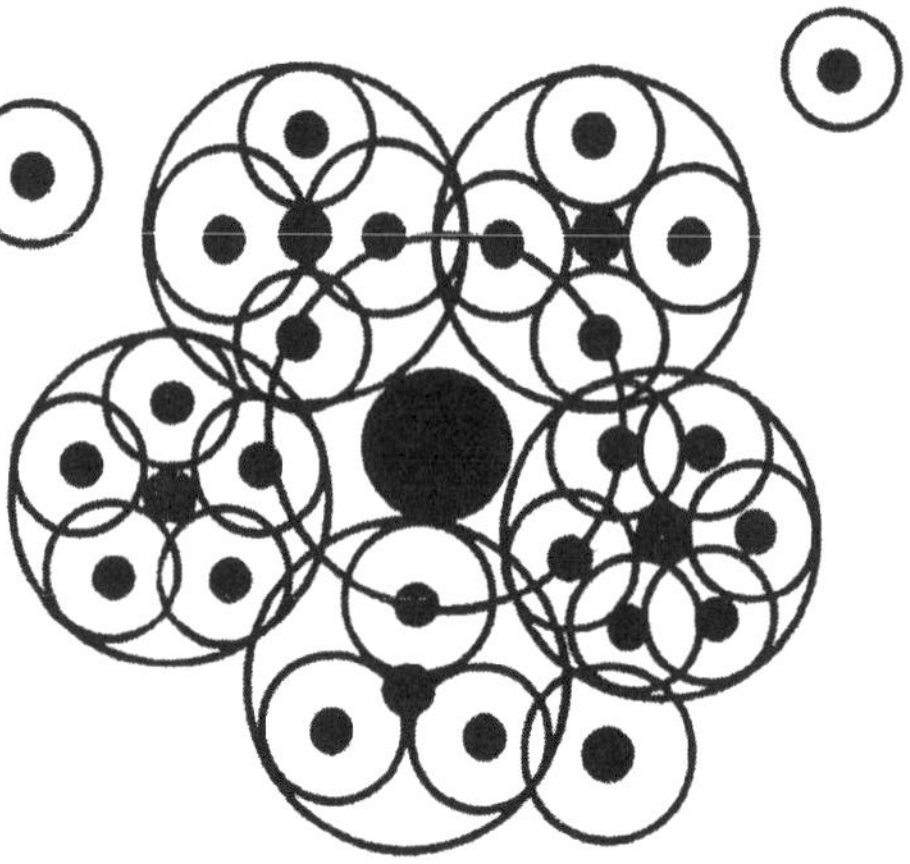

本図は、パトリック・アーバンクロムビーによる
“クラスター型サテライト図式”
（シビル・モホリーナギ『都市と人間の歴史』254頁より）

政治であれ、さらには国際政治の舞台であれ、すべて〝いのち〟の営みです。

〝いのち〟は人間一人ひとりのものであると同時に、それは一三七億年前のビッグバン以来の宇宙生命活動の根元につながっています。すべての人間諸活動は宇宙生命のこの世への映現なのであり、それは森羅万象あらゆる自然現象と一つながりにつながっています。われわれはそういうエコロジカルな観点からすべての人間営為を見直す必要がありますです。生命論パラダイムの視点もその一環ですが、本項では人間営為の三次元構造の面からその機微について見ていくこととします。

人間の〝いのち〟の営みは三次元の構造をもっています。最下層に「暗黙次元」があり、最上層に「形式次元」があります。この二つの次元の中間に「明示次元」が開かれます。〈図2〉で図解して示した「知の四象限」構造は、この「明示次元」における知の働きです。「形式次元」から説明します。この次元はわれわれが日常生活を営んでいる制度的・慣習的生活圏のことです。ノモス的（制度的）秩序あるいはハビトゥス的（慣習的）秩序の世界といいかえてもよいでしょう。この次元はその下層にある明示次元から生命的活力をふんだんに備給され続けないかぎりやがて硬直化し、干からびていき、人間の〝いのち〟の営みにとってかえって桎梏《しっこく》となります。政治学、行政学、あるいは社会学などは、この二つの次元（形式次元と明示次元）の境界局面における人知のハタラキを明らかにし、そこを活性化するための方途を探る学問だと総括することもできます。

では、最下層にある「暗黙次元」とはどういう次元でしょうか。暗黙次元が意識の表層に現れることは普段はありません。人はただ閃きや気づきによってこの次元からの呼びかけに身体をもって触れることができるだけです。優れた絵画や彫刻などの芸術作品や、人の魂を揺り動かす詩歌や音楽によってわれわれはそれを非日常的に体験します。古来人間はこの暗黙次元のことを何とか言表化しようと試みてきましたが、この点については前著（『働く女性のための〈リーダーシップ〉講義』）で井筒俊彦や西田幾多郎の言説を例に引いて詳しく説明しましたのでここでは省略します。

ここで問題にするのは、暗黙次元そのものに立ち入ることではなく、暗黙次元が明示次元へと裂開するその瞬間、その場面展開局面が経営にとってどういう意味をもつかを明らかにすることです。その瞬間（局面）が明示次元の知をいかに活性化するか、それによって人間の〝いのち〟の営みがいかに賦活されるかを垣間見ることです。

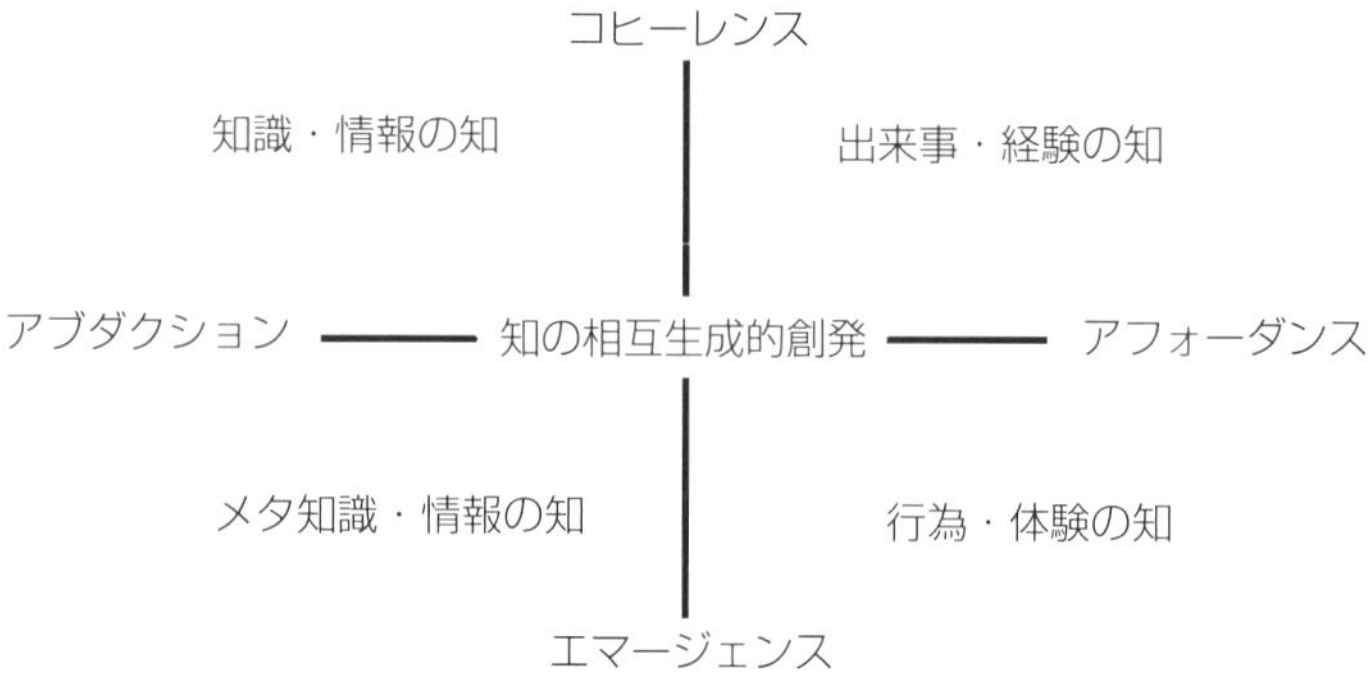


図7

企業経営という人間の集団現象の場が本来の原初的みずみずしさを失わないためには、その場所に暗黙次元から根源的生命エネルギーの備給が不断になされねばなりません。そこに回路をうがつのが経営者が発する言霊です。そして、その言霊を組織場全体に交響的に響かせる共鳴盤の役割を担うのが経営幹部社員であり、管理職社員であり、年齢・性差を問わず「卓越者」社員たちです。そのとき経営空間は〝いのち〟の交響空間となります。それは同時に組織メンバー全員の〝いのち〟の営みを賦活し、魂を揺さぶり、そこを言霊の幸《さき》わう祝祭空間とします。

その逆もあります。経営トップにかぎらず経営幹部社員、管理職社員、あるいは一般社員の形式次元における何気ない振る舞いや片言隻句《へんげんせきく》が組織場全体の空気を揺り動かし、それが暗黙次元に渦巻く組織の根源的生命エネルギーをさらに賦活するという事態です。形式次元―明示次元の「間」、明示次元―暗黙次元の「間」の回路はこのように双方向的に開かれています。〝いのち〟の営みとは、この各次元の「間」の境界局面、およびその「間」に開かれる明示次元において繰り広げられる多様にして機微に充ちた人間的営為のことをいうにほかなりません。そこには〈図7〉に示するような身体・言語的な知の相互生成的創発関係があります。〈図7〉は〈図1〉〈図3〉〈図5〉〈図6〉を一覧的にまとめたものです。

暗黙次元はこの明示次元「知」の各象限で自らを裂開させますが、特に色濃くそれが現れるのが暗黙知に最も近接した局面、すなわち〈行為・体験の知〉局面においてです。それが起点となって〈出来事・経験の知〉、〈知識・情報の知〉、〈メタ知識情報の知〉へと漸次拡張され普遍化されるにつれて暗黙次元は明示次元への〈開かれ〉を強めていきます。したがって、暗黙次元の明示次元への裂開局面では〈行為・体験の知〉をどう開き、獲得するかが重要となります。そこが〈〝いのち〟＝知（血、地、霊（チ））〉の営みの最も根源的な場・局面なのです。

その裂開局面を極限まで窮めたのが日本古来の〈舞い・舞踊・舞踏・武道・茶道〉などの稽古哲学です。

それには『世阿弥の稽古哲学』西平　直〈東京大学出版会〉が参考になります。要点のみ略記すれば次の通りです。

大事なのは、どちらにも偏らず（「住せず」）、両次元の中間に身を曝《さら》し続ける（「我意分」「有主風」）ことです。世阿弥はそれを「二重の見」「離見の見」「心を捨てずして、用心をもつ内心」「せぬ隙の前後をつなぐ」「万能を一心につなぐ感力」などといいます。そこでは皮膚感覚・筋肉感覚・骨格感覚・内臓感覚など、すべての身体感覚が「体性感覚」として動員されます。そうなれば、そこには作為せずともこれまでにない斬新な動きが招き寄せられます。

〈行為・体験の知〉は積み重ねられていくうちに〈出来事・経験の知〉として自身のうちに集積されていきます。それは繰り返し利用が可能な〈知識・情報の知〉へと集約されます。そこから〈知識・情報を活用する知識・情報〉が創発します。それによって〈行為・体験の知〉は、いちだんとその内実を豊かにしていきます。こうして〈知〉のサイクルが相互生成的に回り続ける中で明示次元の「知」はより豊かに創発していきます。

## 3　関係的自立

「働く」とは、関係的自立存在としての自己をある種の覚悟を定めて自励自発的に生きることです。

関係的自立とは、〈図3〉の座標軸原点に配された〈アテンダンス〉を真摯《しんし》に生きることであり、〈図7〉の〈知の相互生成的創発〉サイクルを不断に賦活することです。すなわち、アフォーダンス〈関係性〉とアブダクション〈自立性〉の間の「身体のゼロポイント」〈アテンダンス〉で揺らぎつつも崩れることのない自己を定立することであり、エマージェンス〈創発的意欲〉とコヒーレンス〈集団的結束〉の間の心的緊張の場で自分らしい個性を匂い立たせ輝き出させることです。関係的自立存在とはこのように個性輝く自己定立した「強い自己」のことをいいます。

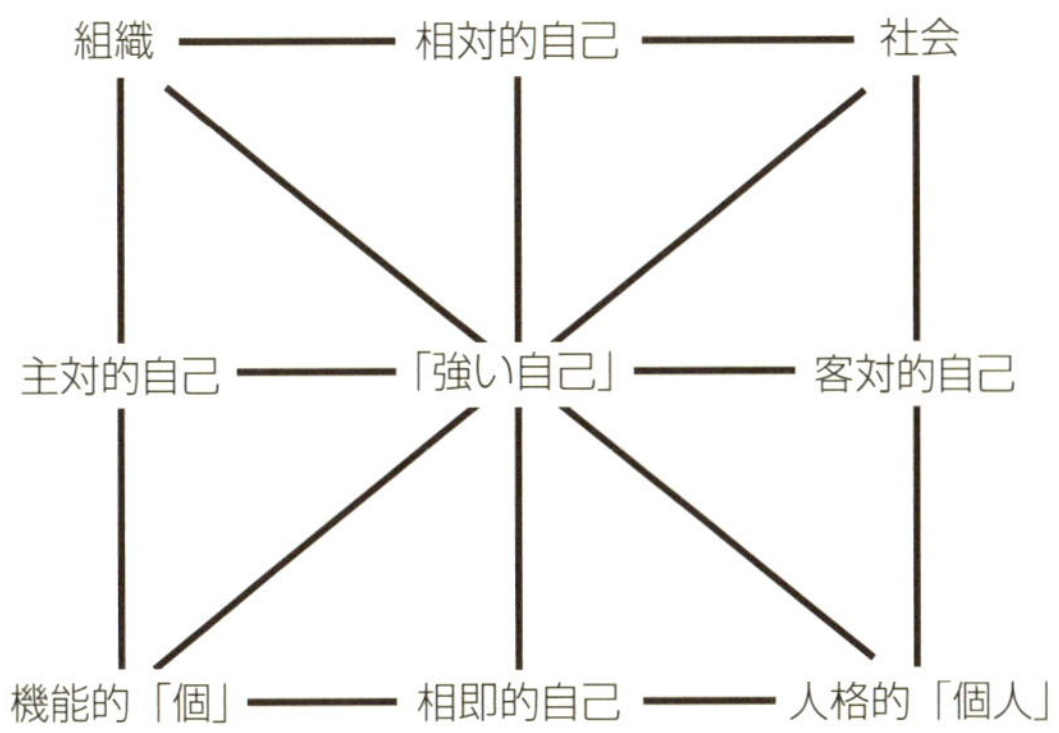


図8

その「強い自己」の構造を図解すれば〈図8〉のようになります。

本図は〈図4〉の「統合的自己」を〈組織・社会〉で現に活動している「強い自己」に置き換えたもので、基本の構図は同じです。

「強い自己」は、一方では組織において機能的役割主体としての「個」を生きます。そこでは自己は主対的存在（自らを組織に対して主体的に同一化させようと努める自己）を生きます。一方では社会において人格的主体としての「個人」を生きます。そこでは自己は客対的存在（自らを他者と同調的に向き合わせようと努める自己）を生きます。この機能的「個」と人格的「個人」の間は調停されねばなりません。その調停を通して自己は相即的自己（不二統合の自己）となります。組織と社会の間を調停する自己は相対的自己（つねに他者を参観する複眼的自己）を生きます。逆にいえば、このような多様な自己像に耐えてこれを主体的に生きるのが「強い自己」です。関係的自立存在はこの「強い自己」を目指します。「働く」者がみなこのような関係的自立存在＝「強い自己」を目指すならその会社もまた「強い会社」となります。

「強い会社」は、関係的自立存在＝「強い自己」たちの統摂的秩序体です。しかし、そうであるためには、そこにもう一つの組織原理がなくてはなりません。超越的な価値規範によってではなく、また、外挿された権力装置によってでもなく、あくまでも組織内発的に場を秩序づける組織原理です。

その組織原理が、関係的自立存在＝「強い自己」同士が互いに相手を相互参照し合いながら、そこに自己言及的・自己再帰的（認知フィードバック的）に自己産出する「卓越性の位階秩序」です。「卓越性の位階秩序」とは、人間集団が自らを志向的に秩序づけるためにその志向性の彼方にイメージする理念的な中核価値規範です。それは現実には〈資格制度〉や〈役職制度〉によって「卓越者の階等序列」としてヴィジュアル化されます。

そうなると、そこにまた調停されねばならない新たな問題が発生します。理念と現実との間に生まれる齟齬《そご》、ギャップをどう埋めるかです。自分が想い描く自己の「卓越性」の位階と、自分が現実に位置づけられている「卓越者」の階序とが不適合だと思えば、人はそのギャップを埋めるためになおいっそうの努力をします。「卓越者の階等序列」が私情や不合理な基準によってゆがめられていると判断するなら、人はさまざまな仕方でその現実にノーを突きつけます。それでもそれが改まらないなら人はその組織から離脱するしかありません。「卓越者」ほどそうします。それでは組織はもちませんから徐々にではあってもあるべき「卓越性の位階秩序」へ向けて現実の「卓越者の階等序列」は修正されていきます。健全な組織ならそうします。いいかえれば、それができるのが「強い会社」です。

どんな「卓越者」であれ一人では何事もできません。そもそも人たるものは何人といえども不確実性・不完全性・欠如性を免れません。人はその不全を他者との協働で補うしかありません。その相互補完性をより十全な形で組織できるのが「卓越者」です。より優れた「卓越者」なら、より大きなスケールで、あるいはより高いレベルでそれができます。したがって、そこにはおのずから「卓越者の階等序列」（実念型）が形成されるはずです。問題は、それがあるべき「卓越性の位階秩序」（理念型）とどれほど整合的であるかです。経営とはその整合性のための不断の自己調停プロセスです。

それが実現できたとき組織は生気に充ちた一つの全体へと構成されます。よく組織されたメンバー同士の協働によって組織全体に相転移的な変革がもたらされます。それが「強い会社」です。

多数の関係的自立存在が協働によって互いに結ばれ合ったとき、こうして一段高次の〈自立的関係〉がそこに構成されます。それはまた新たな結合によってさらに一段高次の〈自立的関係〉へと統合されていきます。そうやって最終的に実現するのが国家（であるべきはず）です。国家は関係的自立存在が最高次に組織されることで発生するであろう〈自立的関係性〉の究極態であるべきなのです。

人は誰しも何らかの組織に参画して〈関係的自立存在＝自立的関係存在〉となります。そして、そこに構成される「卓越性の位階秩序」で自分なりの位置を占めます。その働きは漸次中枢化され高次化されていき、やがてその働きは企業組織の枠組みを超え出て、業界へ、社会へ、さらには国家へと伸び拡がります。「働く」とは、そういう一連の生成発展する位階秩序形成のプロセスに自らが主体的に参画することです。仮構された権力機構によって、あるいは人為的に制定された恣意《しい》的制度によって単に使役されるのが「働く」ことではありません。

## 〈補注〉「強い自己」と「強い会社」

企業という組織体にあっては成員各人は誰しも自らのうちに一つの根源的な矛盾を抱えています。組織人格としての機能的な〈個〉の立場と個人としての人格的な〈個人〉の立場の間の矛盾葛藤です（『経営者の役割』C・I・バーナード〈ダイヤモンド社〉）。人は組織において、機能的な役割主体としての〈個〉に徹し切ることもできず、固有名をもった人格主体としての〈個人〉を生き切ることもできず、その中間の場を何とか調停しながら生きています。

同様のことは組織それ自体についてもいえます。組織も個人と同様に内部に矛盾を抱えた存在です。すなわち、一方では利益責任主体として有用性・効率性を追求しなければならない側面と、他方では社会的責任主体として公器性・公共性を見失ってはならない側面との間の葛藤です。

組織が抱える矛盾はそれだけではありません。成員各個々人が希求する創発的自由と組織が標榜する規範的秩序との間にも矛盾があります。前者に力点を置いて組織を運営しようとすれば規範的秩序は弱めざるを得ませんし、後者を強めすぎれば個の創発的自由の活力は失われます。組織はこれらの矛盾葛藤を何とか調停しながら自らの存続発展を図っています。

社会とその成員の間についても同様のことがいえます。社会における成員各個々人は個々人で自らが属する社会（小は家族からコミュニティおよび社会一般に至るまで）で担わねばならぬさまざまな立場と、一個の独立した人格主体としての人間的生き方との間で矛盾葛藤を抱えています。同時に社会的役割相互の間にも矛盾葛藤があります。たとえば卑近な例でいえば、友人やコミュニティの人間関係を良好に保つためにときには家族サービスを犠牲にしなければならないこともありますし、その逆もあります。人はみなこれらの矛盾をどう調停するかに腐心しながら日々の生活を営んでいます。

その調停努力のなかで「人間力」が鍛えられ、組織人・社会人としての「強い自己」も育ちます。組織―社会の「間」のダイナミックスもそこから生まれます。これらの幾重にも重なる矛盾葛藤を自らの実存条件（拘束条件）として引き受ける人間存在によって、また、その「間」を巧みに調停する組織（社会）成員個々人の自発的努力を通して、企業という場では多様な組織的英知が創発し、それによって企業は「強い会社」へと進化します。「間」は開かれた「場」です。開かれた「場」から「開かれた英知」が創発します。そして、その「開かれた組織的英知」によって企業という組織場自体が「英知公共圏」へと創発していきます。企業にとっての課題は、これら「間」から創発する英知をどうやって生産的な知価資源へと組織化するかです。それは単なる経営管理手法や組織運営技法の問題にとどまりません。コンプライアンスやエマージェンシー・プラン、コーポレート・ガバナンスなどのために精細な規則・ルールを制定すれば足りる問題などでもありません。人間心理〈組織文化〉についても深く測鉛を降ろす必要があります。文化的・歴史的・社会的な環境諸条件一般への目配りも欠かせません。そういう観点からすれば組織論ないしは経営学の射程は広く〈人間学〉〈社会学〉の領域へと伸ばされ、かつ開かれねばなりません。

政治・経済・社会・文化など人類が織り成す諸々の営みは互いに錯綜《さくそう》し合って一つの大系的生態系を形成しています。企業はその中にあってそれ自身が生きた一つの生態系です。全体の生命的秩序のなかに埋め込まれたそれ自身一つの「生きもの」です。企業活動によってこそ、この混沌とした社会は生態系的秩序へともたらされるのであってみれば、企業組織もこれまでの機械論的な立場〈機械論パラダイム〉からとらえられた「静態的秩序体」とは違って、周りの環境と相互作用しながら共進化していく「動態的組織動学プロセス」として改めてとらえ直される必要があります。このような生命論的な立場（「生命論パラダイム」）からとらえられたとき、はじめて企業組織は主体的な自律活動態としての本来の姿を見せてきます。

もともと人間の英知は相矛盾するものの「間」を調停する努力のなかで育まれます。いいかえれば、人間はもともと矛盾存在であればこそ英知的人間存在として進化してきたのです。矛盾葛藤は完全に解かれることはあり得ません。だからこそ人は永遠に進化していくことができるのです。企業組織は人類の英知が到達した〈最も進化した形態（システム）〉の一つといってもよいですが、それでもなおそこには数多くの矛盾を抱え込んだままです。だからこそ企業経営もまた永遠に進化していくことができます。

企業経営における矛盾葛藤の最たるものは〈個の自由〉と〈全体の秩序〉の間のそれです。〈個の自由〉を生かそうとすれば〈全体の秩序〉に罅《ひび》が入りますし、〈全体の秩序〉を優先させようとすれば〈個の自由〉が逼塞《ひっそく》させられます。両者をともに十全に満足させ得るような理想的境位などおよそ望むべくもありません。その中間の場で揺らぎつつ何とか両者を調停し満足解を求めていく以外にありません。企業経営における〈組織と社会〉の間の矛盾葛藤も、この〈個（部分）と全体（単なる部分の集合ではない秩序づけられた全体）〉の間、〈自由と秩序〉の間の矛盾葛藤と同範疇《はんちゅう》です。利益追求（〈個の自由〉）にのみ走れば社会的責任が留守になり、社会的公器性（〈全体の秩序〉）にばかり目を奪われていては組織活力は削《そ》がれます。その中間の場を何とか調停しつつ企業は自らの組織体制（およびその活性）を把持しています。

調停とは矛盾対立するものの「間」のどこかにあると想定（仮定）される妥協中心点を求めて互いが接近を試みることです。場が抱えた矛盾葛藤を双方が自らの内部へと不断に、自己否定的に繰り込みながら相手への無限接近を図ることです。（ついでにいえば、コミュニケーションとはその無限接近の互いの努力のことです）。しかし、それはあくまでも無限接近であって両者が重なり合って完全に一つになることは決してありません。相手を一方的に否定してもならないし相手に無批判的に同化してもなりません。互いに相互否定の契機を内包しながら両者の間を漸近安定性を保ちつつ肯定的にバランスさせることでなければなりません。企業経営とはそのための不断の努力です（人間個々の生き方も同様です。それができるのが本書でいうところの「卓越者」です）。矛盾するものの「間」がうまく調停されたとき〈場〉は統合されて一つの〈融即場〉となります。〈個の自由〉と〈全体の秩序〉とが相互否定即相互肯定的に融即されて経営は一つの〈自律空間〉となります。この〈否定即肯定的融即〉の境位がわれわれが目指す究極極致です。「卓越者によって統べられた英知公共圏」がその至りつく理想型です。

「英知公共圏」はそれ自身で進化していく揺らぎの場であり、そこではシンボル機能が成員の想像力を刺激して場を不断に活性化し、美学的判断がつねに場をより高次の次元へと高めていきます。かくして「英知公共圏」は想像力にあふれた美の時空間となり、その場において「経営はアート」となります。

こうして互いに矛盾対立するもの同士が相互媒介されることで組織には新しい次元が開かれます。その新次元において〈融即場〉としての〈自律空間〉はそれを構成する要素の単なる集合とは異なった新しい性質を獲得します。すなわち、非平衡複雑系（ないしは複雑適応系）としての組織特性の獲得です。つまり、〈個の創発的自由〉の振る舞いから〈全体の秩序〉が自己組織的に自生してくるような組織原理の生成です。そこから組織成員の間に〈働く〉ことについて共通の〈意味〉が新しく紡ぎ出されてきます。組織を秩序体たらしめる根源は〈個の創発〉にあるという共通理解もそこから生まれてきます。そうなってはじめて組織が抱える矛盾葛藤を調停する努力もコヒーレントに〈方向感のそろった〉調律された〈組織動学プロセス〉となります。

非平衡複雑系（複雑適応系）の組織特性としての〈組織動学プロセス〉とは、端的にいって生命システムがもつ特性のことです。生命システムの特性は次の四点に集約できます。

① 部分間の相互作用によって部分の役割が動的に決まりかつ変化する。

② 部分間あるいは部分と全体との関係変化を通して可塑性・安定性を獲得しつつ共生的に進化する（つまり、そこでは状況の変化によってそれまでの表現型が不安定化し、つれて状況適合的な新しい安定状態へと表現型が変化する）。

③ 全体と部分とが有機的にカップリング（合生的共生）されていて、その全体システムのハイパーサイクル（認知フィードバック効果、自己増殖的相互触媒作用、自己励起的発展性）によって互いが互いを強化し合う。

④ 部分の振る舞いに強い影響を与えるような、つまり状態の選択をコントロールするような役割を担う特性をその内部から自生させる。

つまり、「生命システムとは、細部まで厳密には規定されておらず、複雑なダイナミクスをもって全体が調律され、そのなかで部分が互いに同期的に自己調停されつつ自己生成し、全体をして自己保持・自己増殖させていく能力を有するシステム」のことです。

これを企業組織に置きかえるなら、それは次のような振る舞い特性をもった組織として要約できます。

① 組織を構成する成員同士の間、および成員と組織との間、さらには広く組織と社会一般との間に本来ある非線形的な相互作用関係をできるかぎりつねに生成変化する開かれた動的過程として

保存するような組織。

② どこにも超越的規範は存在せず局所的振る舞いが自律的・分散的・並行的・非線形的に相互作用し合うことで全体が不確定的・確率論的・相転移的に自己秩序化していくような組織。

③ 自己生成した結果を利用して再び自己を生成していく自己触媒的・自己言及的・認知フィードバック的な自励発展性を備えた組織。

④ 自己の統一性を〈個の創発〉特性と〈全体の秩序〉化機構がせめぎあう中間の非平衡状態において保ちながら逸脱や暴走もある程度までは秩序化のためのエネルギーとして許容するような、周りの状況と自らの状態とをバランスよく自己選択していくことができる中枢機能をそなえた組織。

です。本書が取り組む主題は、このような振る舞い特性を備えた組織の作動原理を明らかにすることにあります。

以上の非平衡性、非線形性、複雑適応性などの記述に関しては、I・プリゴジン『混沌からの秩序』『存在から発展へ』〈みすず書房〉などを参照。参考のため、そのなかのエキスの部分を「はじめに」の〈補注〉と一部重複しますがいくつかランダムに引用しておきます。

「われわれが住むのは、成長したり減衰したりする多様なゆらぎの世界である」。「このようなゆらぎは、巨視的レベルで増幅され、生命のレベルでも、最後には人間活動のレベルで増幅されていく」。「創発しつつあるのは、決定論的世界と偶然性だけからなる恣意的世界という二つの人間疎外的な描像の間の〈中間的〉記述である。世界は法則に完全に支配されているものではないし、世界はまったく偶然に支配されているわけでもない」。「われわれが住んでいる世界は決定論的現象と確率的現象、可逆的現象と不可逆的現象が見出される世界」であり、「系が置かれている条件が変わるにつれて異なった現象が隣りあわせに共存していく世界」である。（主として上記の①と②に関わります）。

「非線形複雑系が分岐前安定点を超すと巨視的過程に時間―空間的にコヒーレントな振る舞いを起こす新しいタイプの自己組織化が発現する」。「この新しい構造は平衡からじゅうぶん遠い状態においてのみ維持される」。「平衡からの距離と非線形の二つが系を秩序状態に導いていく源泉である。この分岐不安定性によって発現する秩序状態を、平衡構造と区別するために散逸構造と名づける」。「この新しい秩序の出現は、基本的には巨視的な〝ゆらぎ〟が、外界とのエネルギー交換の結果、安定化されることに由来しており、この〝ゆらぎ〟が増幅されることによって非平衡系に自己秩序化がもたらされる」。（主として上記の②と③に関わります）。

「状態から逸脱しようとする局所的な小さい出来事は直ちに発生する反作用によってかならずしも消去されるとは限らず、その代わり系によって受容され、さらに増幅されることもある。その結果、局所的小さい出来事が革新性と多様性の源泉となりうる。この適応性こそが非平衡系が平衡系とは似ても似つかないような新しい状態へ分岐していくことを可能にする源泉」である。（主として上記の③と④に関わります）。

「反応系では、対称性を破る分岐において、内在するフィードバックをとおして小さな摂動やゆらぎの効果を増幅することによって局所的暴走現象をもたらす。拡散はこれによって生じた不均衡性をならす傾向をもつ。しかし拡散速度と反応速度が同程度になると非均衡性を消しさることが十分にできなくなり、その結果として空間パターンが生じる」。「均質であった媒質内に空間的パターンが出現するためには、ゆらぎの拡散速度と系の反応速度のバランス、系のサイズなどに一定の条件が必要である。この条件が満たされないとゆらぎは拡散・消滅し、系は平衡化する」。このような「対称性の破れへと至る転移を経て、新しい性質をもった秩序が生みだされるプロセスが生命に関する現象の重要な特徴のひとつである」。（主として上記の③と④に関わります）。

「状態空間の探索に必要とされる革新的要素が系に与えられ、長距離相関によって巨視的領域と時間間隔にまたがる集団的振る舞いを維持する能力が系に付与されれば、それに伴って新しい現象が発生する」。「あたかも各部分がその周囲の振る舞いを注視し考慮にいれることで、自分の役割を認識するかのごとく、全体のパターン形成に参加しているかのように振る舞うのである」。この「転移の重大な瞬間において系は二者択一的な選択を行うが、そこではただ偶然だけがゆらぎの動学を通じて選択される状態を決定することができる」。相転移的な「進化の基本的機構は、探索の機構としての分岐と、ある特定の軌跡を安定させる相互作用の選択との間のゲームに基づいている」。この「相転移の機構をとおして系はより秩序だった状態へ発展していく」。進化とは単なる「巨視的なパラメターのゆらぎではなく、運動方程式を変えてしまうような機構におけるゆらぎ」であって「本質的に複雑さの水準をあげていく逐次的な不安定性の継続に対応」しており「自発的により複雑なパターンに向かって変化していくプロセス」である。（上記の①②③④のすべてに関わります）。

これらの記述から、われわれは企業経営の根幹で働いている組織作動原理とのアナロジーを読み取ることができます。企業とはまさに生々発展してやまない非平衡（非線形）複雑系、複雑適応系の振る舞いそのものと見ることができます。（　）内に付記したように、前記の四つの生命システム的組織の振る舞い特性は、以上の記述を筆者なりの理解で企業経営に置き換えたものです。

生命システム的組織の作動原理は端的にいって成員個々の人間力をいかに十全に発現させるかです。〈個の創発〉という共通価値のもとに自己内矛盾を不断に相互調停へと繰り込んでいく成員各人の自律的営為は、究極のところこの人間力によって支えられるほかありません。いいかえれば、生命論的な〈融即場〉の実現を志向する企業経営にとって根幹をなすのは人間力の不断の練成とその最大限の賦活です。本書ではそのような人間力の保持者を「強い自己」と総括します。

人間力は本来的に企業組織の枠内に閉じ込められるべきものではありません。それは人間力をどう練成し活用するかも含めて企業組織の枠組みを超えてそれをいかに広く社会に解き放つかの問題です。つまり、人間力重視の経営は企業組織それ自体を広く社会へと開いていくことのなかではじめて実現します。いまわれわれに求められているのは、これまで閉じられた枠組みのなかで論じられてきた企業経営の諸問題を広く人間社会へと開くことです。「閉じられた経営」を英知公共圏に「開かれた経営」へと転換することです。当然そこにはいままでとは異なる企業統治の論理が求められます。われわれはまだそのような生命論的な企業統治論を手にしていません。いま世間で論じられているコーポレート・ガバナンス論やコンプライアンス論は、多くは依然として「閉じられた経営」の枠内の論議にとどまっています。〈個の創発的自由〉に全面的に委ねながら〈全体の規範的秩序〉が最大限に確保できるような経営、〈全体の規範的秩序〉を確実堅固なものにしながら〈個の創発的自由〉が最大限に保証されるような経営、そのような〈自由〉と〈秩序〉の中間場にあってよく統治された、英知公共圏に「開かれた経営」のための新しい経営手法の開発はこれからの課題です。（Ⅲ—6〈補注〉「卓越者」による「英知公共圏」の経営を参照）。

よく統治された「開かれた経営」についてはは留意すべき点が二つあります。一つは、一切の作意的操作を必要としない、計らわずしておのずから成（為）るように為（成）らしめる経営のあり方の探求、つまり場の創発的自由のエネルギーが自己組織化され、そこに規範的秩序が自律的に生成するような組織のあり方の追求であり、いま一つは、閉じられた自閉空間内の出来事としてではなく、開かれた状態空間内の出来事として不断に自己秩序化されるような、いいかえれば、企業を取り巻く諸環境（市場・民主主義社会・技術生態系・付加知価連鎖系など）に対して単に開かれているだけでなく自らがその再編主体・推進主体たり得るような経営のあり方の追求です。本書では前者を「零度のマネジメント」と名づけます。後者を「英知公共圏の経営」と名づけます。それは「公共人として公共を生きる」とはどういうことかを問うことに通じます。（I―5〈補注〉「零度のマネジメント」を参照）。

以上を改めて要約すれば、知の世界を拓《ひら》きつつ、その担い手である人間力を鍛え、知と人間力の統合である知力を束ね、広く社会との間でさまざまな場を開きながら、「英知公共圏」を「強い自己」とともに〈立ち現われ〉させる、まさにそのような自律自成の動的プロセスを不断に賦活し続けるのが経営であって、そこに実現するのが「零度のマネジメント」であり、そこで目指されるのが「強い会社」であり、その根底には組織ベクトルとして「強い自己」への志向がなくてはならないということです。〈図8〉で「強い自己」を中心に配したのもそういう趣旨からです。本書で取り組むテーマも、したがって単に企業経営固有のフィールドにとどまらず、広く人間社会およびそこに生きる個々の人間の生き方そのものにも関わってきます。経営学は従来の枠組みを超えて広く「人間の学としての経営学」へと開かれねばならないのです。

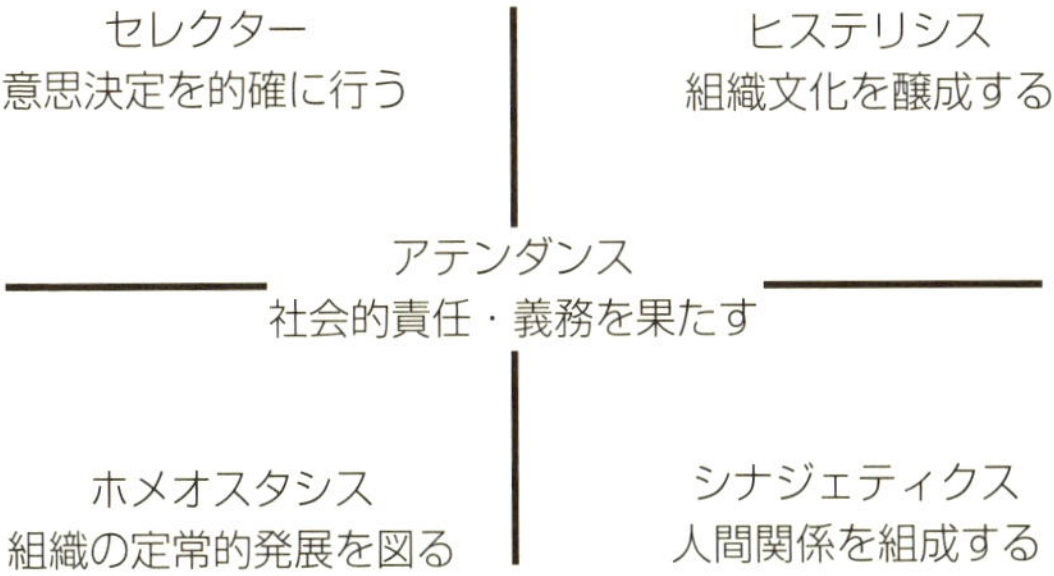


図9

## 4 上司・同僚・後輩との関係

会社とは突き詰めれば結局のところ人間力の集合体です。したがって、そこでは人間関係からすべてが始まると見てよいでしょう。

企業活動における人間関係の位置づけは次のようになります〈図9〉。〈図3〉との関連で見ていきます。

まず、全体の構図から見ていきます。中央に〈アテンダンス〉が配されます。図では省略していますが〈図3〉で見たようにこれは〈アフォーダンス＝状況の読み解き〉と〈アブダクション＝状況の創出〉との総合です。また、〈エマージェンス＝創発的意欲〉と〈コヒーレンス＝中核価値への諸力の糾合〉の総合でもあります。それらの総合的結果として〈社会的責任・義務を果たす〉ことが可能になります。

最初に実現しなければならないのが社員の一致共同です。つまり、より適切に〈シナジェティクス＝人間関係〉を組成することです。便宜上、これを上司との関係、同僚との関係、部下

（後輩）との関係に整理して説明します。

・上司との関係

上司との関係で大事なのは、そこにあるのは部下から上司への片務的な奉仕（使役）でもなければ、上司から部下への一方向的な指令（庇護）の関係でもないということです。いわんとするのは、互いに人格的に対等な立場にあるというような常識的な事柄ではなく、そこにあるのは双務的で双方向的な役務の相互提供だということです。部下は上司が仕事をしやすいようにサポートするのが仕事であり、上司は部下というかけがえのない会社資源を託された責任を引き受けるのが仕事だということです。もっといえば、部下は自分が成功する（卓越性の位階秩序のより上位へ位置づける）ための回路として上司を巧《うま》くマネジせよということであり、上司は部下を自分の成功を援《たす》ける（卓越性の位階秩序のより上位へ昇る）サポーターとして厚く遇せよということです。人間関係の基本はこのように双務性・双方向性にあることをまずはしっかりと押さえておくことです。

・同僚との関係

端的にいって、同僚とはライバル同士でもなければ、互いにケアし合うカウンセラー同士でもないということです。つまりコンビビアリティ（自立共生的：イヴァン・イリイッチ『コンビビアリティの道具』参照）な協働者同士だということです。互いに独立不羈《ふき》の仲間同士であって、組織にあって遠慮することなく対等な立場で対話ができる関係者同士です。シナジェティクス＝共鳴・共振を喚《よ》び起こすには波長を合わせるチューニングが必要です。周囲にそれを波及させるには共鳴盤が要ります。その役目を引き受けてくれるのが同僚という存在です。人間関係の基本はシナジェティックなコンビアリティにあることを忘れてはなりません。

・後輩（部下）との関係

後輩との関係には、上司―部下という線形的・単線的な上下関係も含まれますが、その内実はもっと多面的・複線的な広がりをもっています。問題は人格的影響力です。後輩社員は先輩社員を一歩前を行く人生の教師（場合によっては反面教師）として見ています。一方、先輩社員は後輩社員のなかに自分がすでに失った（あるいは失いかけた）無垢《むく》性を見出して、自らをその本源性へと立ち帰らせるための縁とします。互いに人生という舞台で互いのためにロールモデルを演じる演者同士、互いの一挙一動・片言隻句が互いに注目され合うまたとない仲間同士なのです。いわば、互いが自己像を反省的に確認し合う鏡の役割を担っているのです。自分が演じる役割・演技を確かに見てくれている観者が一人でもいるということがどれほどの励ましとなるかはやがて皆が知ることとです。

次が〈ヒステリシス〉、組織文化の醸成です。

こうして人間関係にシナジェティックな共鳴・共振が起これば、やがてそこに好ましい組織文化が醸成されます。端的にいって、組織文化とは意思決定プロセスにおける組織固有のパターンのことです。そのパターンの共通認識から好ましい人間関係も生まれます。

次が〈セレクター〉、的確な意思決定です。

組織文化が定着し、組織の振る舞い方がこうしてみなに納得をもって周知されると組織はその意思決定において過つことがなくなります。少なくともその逸脱の可能性は減じます。企業活動は日々新たな意思決定に曝されています。いちいち指示命令を待ってはおれません。末端や周辺で日常的に起こるこまごました意思決定のいちいちを管理監督しきれるものではありません。ほとんどは部署々々、司々に任せるほかありません。それが可能なのは組織に組織文化（意思決定のプロセス回路）が根づいているからです。

次が〈ホメオスタシス〉、組織の定常的発展です。

組織文化の定着によって組織の意思決定が的確に行われることで組織は定常的な発展軌道に乗ることができ、ホメオスタティックな恒常的安定性が組織の末端まで行き渡ることとなります。そうなれば組織のシナジェティックな共鳴・共振もまた新たな美しい交響を響かせることになります。

最後にもう一つ付け加えておかねばならぬことがあります。組織外での人と人の協働関係です。消費・販売・流通・生産の一連の経営サイクルは、商品・サービスの流れであると同時にそれはすべて人と人とのつながり（コミュニケーション回路）によって媒介される協働関係です。このサイクルにあって商品・サービスに価値を付加するのも、あるいは逆に価値を減耗させるのも、それを媒介する人の働きいかんによります。

たとえば、スーパーなどで何かの商品を購入するとき、忙しそうに働いている店員さんを選んでその商品がどの棚に陳列されているかを尋ねてみてください。陳列棚まで案内してくれて親切に商品説明までしてくれる店員さんなら、その商品価値だけでなくその店の付加価値すらも生産しているといえます。人間関係と組織文化は付加価値生産の源泉なのです

## 5　多様性・複雑性のマネジメント

経営という場は多様性・複雑性の曼荼羅です。ヒト・モノ・カネ・情報の構成と流れは経営のグローバル化とともにその多様性と複雑性の度をますます上げていきます。

したがって、それをマネジする手法もこれまでとは違って複雑系手法に拠《よ》らざるを得なくなります。複雑系手法とは、多様性・複雑性に即して、むしろそれを利用してそれを丸ごとマネジすることです。複雑系手法には次の三つがあります。一つは、〝揺らぎ〟を通しての自己組織化、二つには、自己言及的・認知フィードバック、三つには、ストレンジ・アトラクターの発見です。順に説明します。

### 一、揺らぎを通しての自己組織化

複雑系にはもともと計画・設計思想はなじみません。計画・設計思想は線形的予測が可能な（機械論パラダイムが通用する）局面で、はじめて意味があるハタラキをするのであって、確率論的推論によって未来を選び取るしかない（生命論パラダイムによるしかない）局面では、それに依拠すれば失敗すればまだしも「成功」などすればかえって大きな過ちを犯すことになりかねません。計画・設計

がトップからの権力的な指示でなされた場合、末端ではその指示に沿う形で表面を繕うのは簡単なことであり、現にそれはあちこちで行われていることです。繕いは往々にして実体と見誤られます。それが経営の重大な局面で「成功（実は繕い）」したとなれば組織には取り返しのつかないゆがみが生じます。小さな繕いであってもそれが多重頻繁に行われれば組織はやがて暴走するかあるいは硬直化し衰弱します。

大事なのは複雑性をあるがままに受け入れて、それを丸ごとマネジメントすることです。そこでは「計らわず」が基本です。事態の成り行きを見極め、その流れに沿って向かうべき方向と目的地をつど共同して見つけていくのです。それには最も良質の情報に接する機会の多い現場にこそ、できるだけ多くの意思判断を委ねることです。現場は多様で豊かな情報流で、つねに揺らいでいます。その揺らぎを創発的エネルギーとして活かすのです。現場は揺らぎに対して最適適応すべく、それへの即応体制を自己組織的に組み上げていきます。こうして揺らぎを通しての自己組織化という目覚ましい現象が組織のあちこちで生起すれば、それらは互いに相互作用し合ってそこからまた新たな知活動が創発します。〝計らい度ゼロ〟、これを「零度のマネジメント」と名づけます（本項〈補注〉参照）。

## 二、自己言及的・認知フィードバック

「零度のマネジメント」ではトップからの、あるいは超越的権威主体からの指図や命令は一切ありません。管理や統制も最小限にとどめられます。では、現場は何をもって自らの行動規範・基準と

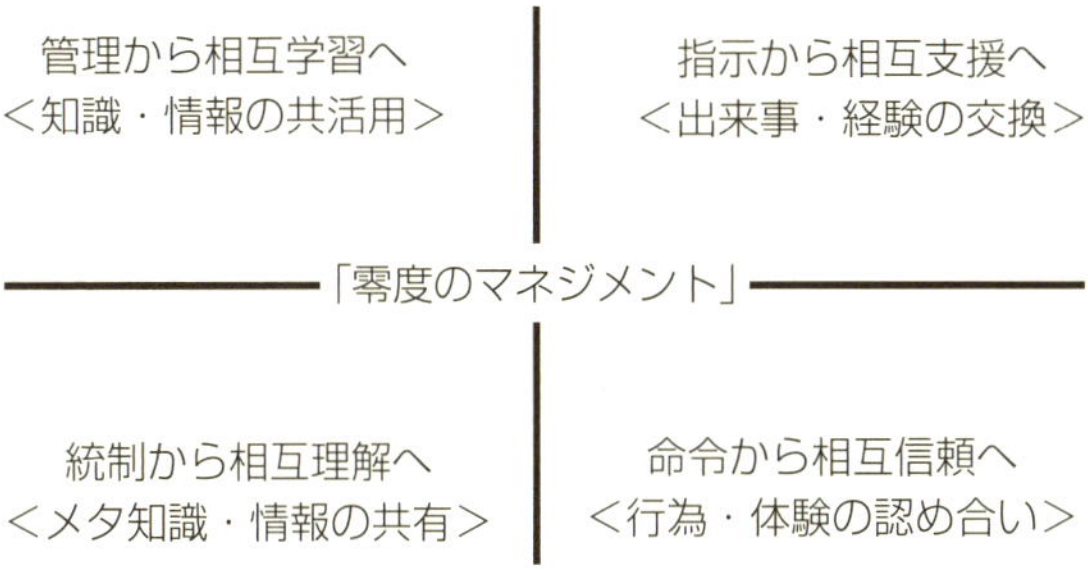


図10

するか、それは自らが案出するしかありません。それは矮小《わいしょう》化された局所的目標・計画に自己同一化することではもちろんありません。これまでにたどってきたヒステリシス情報を幾重にも読み解きながら次のステップへとアブダクティブに一歩を踏み出すしかありません。頼るべき判断基準としては、それまでにその部署や個人が歩んできた経路、その過程で遭遇した出来事・経験の集積、それらへの自己言及的・認知フィードバック的な解釈によるしかないということです。それによって、「指示」は相互支援に置き換えられ、「管理」は相互学習に、「統制」は相互理解に、そして「命令」は相互信頼に取って代わられます。支援・学習・理解・信頼は試行錯誤のなかで何度もフィードバックされ反復されます。その関係を図解すれば〈図10〉のようになります。〈図7〉と重ねます。

## 三、ストレンジ・アトラクターの発見

揺らぎを通しての自己組織化過程も、認知フィードバックに

よる軌道探索過程も、いずれも生命エネルギーの創発的働きであって、それが組織の活性化要因となることは認めるとして、では、組織はどの方向へ進めばよいかその方向性が次の問題となります。

生命論的にはそれもまた自己発見するしかありません。問題は、組織行動をコヒーレントに束ねる中核価値は何か、場の生命的エネルギーを求心的に吸引する力は何かです。それは四囲の状況の中でおのずから形成される中心でなくてはなりません。上から、あるいは外から差し入れられるものであってはなりません。民主主義的討議を経て形成されるものでもなければ、何らかの衆議的手続きを通して見出されるものでもありません。旧套・旧弊になずみそれを墨守するものであっては、なおさらいけません。求められるのはヒステリシス的プロセス（経路依存性）を方向づける中核価値、すなわちストレンジ・アトラクターの提示です。

問題はストレンジ・アトラクターのストレンジ性にあります。アトラクターは組織内の随所に発生します。それらは相互作用し合いながら、一部はより大きなアトラクターへと抱握されていき、ときには新たに発生するアトラクターとの相互作用によってそれへと合生されていきます（「抱握」・「合生」はホワイトヘッドの用語）。その合生と抱握のなかで優勢なアトラクターがおのずから育っていき、やがて場を統摂する中心へと発展していきます。問題は、良い（育てるべき）アトラクターを見つけること、およびそれが育つプロセスを注意深く見守って、それをどう育てるかの方向を見過《みあやま》らないことです。このことがストレンジ・アトラクターのストレンジたるゆえんです。こうして見出される中心（アトラクター）は「創業の精神」に則《のっと》っていわば「組織の魂」となります。それは創《つく》られるものではなく見出されるものです。

「ストレンジ・アトラクターとは、新しく登場するパターンを組織化する焦点であり、混沌状態を脱却させる手段であり、動きに意味を与えるものである。中にはこれを組織の「魂」と呼ぶ人もいる。リーダーシップの主な仕事は、動きに意味を与えるストレンジ・アトラクターを発見し、その周りに信用という場を築くことだと信じている」（チャールズ・ハンディ『企業の未来像』所収「想像のつかない未来」〈トッパン〉）。

## 〈補注〉「零度のマネジメント」

「零度のマネジメント」の「零度」は、たとえば「生け花」における「花のことは花に習え」のごとく、作為を極力排除したわが国古来の文化です。「いじくる」「こねくる」「いらう」はわが国では否定的に用いられます。「この種の過剰に手を加えることを拒否する傾向は、日本の芸術全般にわたって見られる特徴である」（山本健吉『いのちとかたち』〈新潮社〉）。「造化の力を引き出すのに、手を貸すのがいわば芸術家なので、……言いかえればどこで造化の手に委ねるか、そのほどを知るのが日本の優れた芸術家の最高の知恵なのである。それを芭蕉は〈造化に随い、造化に還れ〉といった」（同）。「作らない」という境地に至りつくのが理想なのです。しかし、はじめからなにもかも自然に委ねてしまうのではありません。「日本の芸術家も職人も、ものを作り出す者であるからには、人工のかぎりを尽くす。だが尽くした果てに、おのれの力の限界に行き当たり、ある諦念を経て、自分の創造物の仕上げを、自分より遙かに巨大で精妙なものの力、言いかえれば〈造化〉の力に委ねる」。「だから日本の芸術家の理想としては、〈作る〉ということの果てに〈作らない〉という境位を理想として置いている」。「おのずからに化す」という境位である」（同）。

同様に「零度のマネジメント」は決して自由放任、野放図を意味するのではありません。ましてやマネジメントの放棄ではありません。逆に、組織の創発的振る舞いを組織活性化のために最大限に生かしていこうという緊張を孕《はら》んだマネジメント姿勢のことです。

本来的には、マネジメントは成員各人が進んで組織規範の生成主体として行動するように、いいかえれば、操作的作為、意図的設計、権力的強制などに依拠するのではなく、おのずから整斉たる秩序が自己組織的に形成されるように「場」を「規範的秩序体」へと誘導するのがその仕事です。作為のゼロ、設計主義的意図のゼロ、権力行使のゼロ、このゼロ・ポイントのマネジメントが「零度のマネジメント」です。それは「計らい」度ゼロを揺るぎない座標軸原点に据えて組織成員の創発的自由を最大限に賦活するマネジメントです。

「零度」とは、ロラン・バルトが『零度のエクリチュール』でいう「零度」と同じです。バルトのいう「エクリチュール」とは「生成」であり「プロセス」です。「マネジメント」が生成とプロセスであるのと同じです。バルトのいう「零度」とは、「継続する不動性」「循環する流動性」ですが、それにも関わらずそこに秩序が存在し得るのには、「連続的な流れに適用される堅固で非連続な格子」が不動性を保証する構造的契機として存在するからです。「零度のマネジメント」でもその「格子」

の役割を果たすものがあります。〈図1〉～〈図10〉の四軸座標系からなる「英知的自己」のシステムがそれです。それを零度の原点で束ねるのが「強い自己」、すなわち「卓越性自己」です。それが「英知的自己」「強い自己」「卓越性自己」であるゆえんは、それ自身が高度の自己マネジメント力をそなえているからです。座標軸零度の原点において無私なる自己に覚醒しつつ、謙虚にして高貴な人格たらんとする「志」と「魂」をもって、「ノブリス・オブリージュ」へと自らを賭けていささかもたじろがない崇高存在だからです。（以上は、拙著『知の経営革命』〈東洋経済新報社〉より再録）。

個の自由と全体の秩序の境界領域に組織を把持することが組織活性化の基本であって、そこから優れた「組織文化」が生まれるとする「零度のマネジメント」論はいまではまだひとつの仮説にとどまっています。仮説を証明するためには、現実に仮説に基づいて組織編成を行い、それがどれだけ企業経営の実際に資するかを実地に検証していく必要があります。しかしながら経営の現場からその実験例を収集するのはそれがまだ仮説として呈示されているだけの現段階では困難です。したがって、ここでは、この仮説を補強する意味で、この仮説自体がわが国の文化的伝統に深く根ざしたものであり、われわれ日本人の心性を現在でも根底で支えている文化的基盤であることを日本の伝統文芸である詩歌や芸能、あるいはわが国の街や村落の成り立ちなどのなかに探ってみる以外にありません。

人間の振る舞いはすべて言語―身体振る舞いです。企業もそれ自体が「言語」であり「身体」です。経営も言語―身体に関わる一種のアート（芸術・芸能・工芸）ですから、日本古来の芸術・芸能論から現代の経営論に通ずるエートスを読み取ることができるはずです。それらは人間の言語―身体振る舞いの究極のありようを、その本質と極致において開示していると思われるからです。

このように企業＝言語、あるいは企業＝身体ととらえれば、企業もひとつの文化共同体としていままでとは違った位相で見えてきます。たとえば、わが国企業の特徴として、年功序列や終身雇用あるいは企業内組合が取り上げられますが、必ずしもそれらは日本文化に固有のシステムではありません。それは歴史上の一時期に、わが国企業にとってたまたま適合的であった線形論的・平衡論的マネジメント手法のひとつであったにすぎません。日本企業に固有の〈言語論的〉体系、〈身体論的〉構造から読み解いていけば、本質はその逆であって、むしろ非線形論的・非平衡論的な関係性重視の発想こそが日本人の心性に最も適合した組織原理であることは明らかです。（「男女によらず天性の器量を先とすべき道理……」『愚管抄』）。

日本に固有の「企業言語論」・「企業身体論」を展開しようとするならば、われわれの精神や意識の構造に深いレベルで影響している日本文化の古層にまで測鉛を降ろしてみる必要がありますが、それにはもう一冊の本が要ります。

# II　「卓越」という生き方

## 1 「卓越」とは

会社は世間から業績評価という形でその成果（社会的貢献度）を評価されます。それにはもっぱら数値化された指標が用いられます。具体的な活動の内実は外からは見えませんからそれはある程度はやむを得ません。しかし、会社としてはそれに全面的に依拠するわけにはいきません。数値にのみとらわれた会社はやがてその自然の活力を失っていくからです。それを避けるために会社は自らの業績評価を社員の働きという生きた指標でやり直そうとします。

では社員の生きた働きの実体を個々にとらえるような評価方法として何があるでしょうか。社員の働く条件は一人ひとりみな違います。陽の当たる恵まれた部署で生き生きと働いている者もいれば、日陰の目立たない部署でこれという功績も挙げられずに苦労している者もいます。社員各人のそれまでの経歴もそれぞれに異なります。そのような背景・条件の違いをすべて捨象して一律に数値的な成果評価を行うことは決して公平とはいえません。しかし何とか公平・公正を担保する形で評価はしなければなりません。そのため会社はいろいろの人事評価制度を考案します。人物主義、年功主義、能力主義、成果主義などさまざまな評価制度を組み合わせてそれを行います。どんな評価方式を採用しようともそれぞれ一長一短があってこれという決め手はありません。おそらく、それらの工夫の中で比較的に公平・公正で大方の社員の納得が得られそうなのが現在一般的に採用されている「貢献度評価システム」です。そこでは貢献度を定量的に数値化してとらえることよりも、もっぱら定性的評価に基づく目標管理制度が採用されます。上司との話し合いで期初に立てた具体的目標の達成状況を一定期間ごとに上司とともにチェック・評価し合うのです。その達成度は社員間の相対比較を通して、たとえばA／B／Cなどとしてランクづけされます。しかし、これとても完璧な評価方法とはいえません。なぜなら、目標設定の段階でも、事後的な達成度評価の段階でも、いずれもそこには主観的要素が入り込むのは避けられないからです。そもそも人間の行うことで完全な公平・公正などはあり得ません。どこかで妥協せざるを得ません。妥協点として望みうるのは、〈自然の成り行きの中で〉おのずから社員間の納得が得られるような形で「社員の評価的位置づけ」が実態的に定着していくことです。

〈自然の成り行きの中〉で評価が「実態的に定着」するとは、つまりは〈日常の活動〉の中で〈自己組織的に〉おのずからそれがなされるということです。〈日常の活動〉とは当人がそれぞれの部署で〈現にどういう仕事をこなしているか〉というその事実を措いてほかにありません。では、〈自己組織的に〉とはどういうことか。

会社はそれ自体が一つのハタラキの場です。社員個々人のハタラキには重要度において軽重の差もあれば難易度においても差異があります。会社は限られた人材をやりくりしながら適材適所を唯一の規準にしてそれぞれに適任者を配置します。やってみてうまくいかなければ人を入れ替えてみるし、うまくこなせればその人材はより高次の仕事レベルへとプロモートされるチャンスが与えられます。こうした長年の組織的営為とその経験の蓄積の中で組織にはおのずから重要度・難易度に応じた職務・職位・職階についての「差異の体系」が形成されていきます。つれて、社員の方でもその適材適所の配置を通して、またそれが適任かどうかの評価認定を通して、そこにおのずからなる差異の体系としての「階等序列」が〈自己組織的に〉形成されていきます。仕事の上での「差異の体系」を踏まえ、人の上での「階等序列」に則って、人が共同してハタラクとき、そこにそのハタラキの総合として〈自己組織的に〉構築されるのが「卓越者の階等序列」です。そこでは、当人が会社の要求・期待する「卓越性」に対して、いかほどに〈適合的〉であるかが評価・判定されます。

こうして会社は「卓越者の階等序列」の体系となるのですが、しかし前にも述べましたようにそこにも問題があります。果たして「卓越者」としての評価と、そこに形成される「卓越者の階等序列」とが正しくその「卓越性」を反映しているかどうかです。評価判定によってそこに形成されている実際の「卓越者の階等序列」が適正に「卓越性の位階秩序」の表徴となっているかどうかです。本来のあるべき「卓越性の位階秩序」と現実の「卓越者の階等序列」とが果たして整合的であるかどうかが問われるのです。多くの場合決してそうはなりません。そこに齟齬《そご》・ギャップ・ズレがあるのがむしろ普通です。会社とは、その齟齬・ギャップ・ズレを埋め、補修し、修復するための不断の努力体系だといってもよいでしょう。

「卓越者」は実念型（現実態）であり、「卓越性」は理念型（仮想態）です。実念型（現実態）と理念型（仮想態）とがピッタリ合致することは本来的にあり得ません。そこにはつねに何がしかの食い違いがあります。人はみなそうやって自分のなかにある実念型（現実態）と理念型（仮想態）とを、矛盾・葛藤をつねに幾分か残しつつも、それを何とか調停しようと努力しながら生きています。会社もそれと同じです。

「卓越者」とは現に割り振られた役割を実際にこなしている具体的「個人」だとするなら、理念型としての「卓越性」とは会社という組織の中にあって、その中枢へ、さらにその卓越性位階のより高位を目指している理念的「存在者」のことです。つまり、自己なる存在の極北を目指して歩み続ける理念的（ということは高貴にして〈崇高〉な）「存在者」のことです。その「存在者」のことを本書では「卓越者」と名づけます。次のようにいいかえることもできます。自分が現に位置づけられている「卓越者の階等序列」と、自分が本来あるべきと自認する「卓越性の位階秩序」との間にあるすき間・ズレを何とか修復・補修しようとする理念的・仮想的「存在者」、それが「卓越性」存在なのです。

会社がそのような「卓越性存在者」によって充たされるならその会社は「卓越した会社」となるでしょう。そこには職務配列と人材配置とは「卓越者の階等序列」＝「卓越性の位階秩序」となって具現化されるでしょう。そして、その「卓越者の階等序列」＝「卓越性の位階秩序」を実現しようとする不断の組織的努力を通して会社はさらに強靭な卓越性を獲得していくでしょう。そこに「強い自己」＝「強い会社」が実現します。

はじめから「卓越存在」などいるわけではありません。「卓越存在」たらんと志して日々努力する者たちがいるだけです。あるのは「卓越」たらんとする不断の、そして崇高な努力だけです。

## 〈補注〉　卓越と崇高

本書でいう「卓越」とは一言でいって「崇高」のことです。

抽象的に掲げられる「規範」や「理念」は、往々にして権力サイドがその権力行使を正当化するため、あるいは成員を納得させるための作為的手段（場合によっては〝イデオロギー〟）となりがちです。本来組織場を統べる原理としてあるべきは、一切の作為を離れた、人間摂理に則ったものでなければなりません。それは、万人が納得をもって受け入れられるもの、万人が共通して「それを美しい」と感じるものでなければなりません。目指されるべき共通の中核価値としての「美の観念」は、あるとするなら、それは多分、〈彼（女）が「美＝価値なるもの」の極北を目指して、あくなき探求・努力を続けているその「姿勢」〉ではないでしょうか。そうだとするなら、〈その一途《いちず》な希求願望の「姿勢」が与える感動〉こそ「崇高の美」と呼んでいいのではないでしょうか。「自然の美」の受け取り方は各人各様であったとしても、人の心の中にあるその「崇高の美」の感受は万人にとって共通の標識となるはずです。

「崇高」は英語のsublime、独語のerhabenであって「卓越」の意味です。「崇高の美学」は「卓越者論」です。（それはギリシアの「ヒュプソス」（高さ）に該当します）。

sublimeは「まぐさ石に達するほど高い」の意。erhabenは「上へもち上げる」の意。近代西欧では「自然の事物や芸術作品が与える精神的高揚感」をいう。「単なる均斉や調和ではなく、動的な美的概念である」。「動的とは心に呼び起こされる感動である」（エドマンド・バーク、イマニュエル・カント）。彼らは、「一種の聖なるもの」、「臨界点を超え出ず、そこに踏み止まって、地上的かつ此岸的世界で経験される「肉」の苦悩の問題として「崇高（なるもの）」を語る」。その「「生」の臨界点を凝視する姿勢こそ、まさにエステティクス（美学＝感性論）と呼びうるもの」である。「全能な神に対する崇敬、畏怖の念への昇華」、「魂の宙吊り状態を起こすような精神的麻痺の体験」がそれに伴う。（『崇高の美学』桑島秀樹〈講談社〉を参照）。

もともと「卓越」なるものは存在しません。あるのは、「卓越」たらんとして限界を超え出る（その一歩手前でなお）極北を目指す精神的運動があるだけです。人はその矜持《きょうじ》（尊厳）ある（時には畏怖の念をも呼び起こすような）姿勢に対して超感性的に「崇高の美」（美的聖性＝サブリミティ）を感得します。それによって人は改めて「人間性」の根幹が揺さぶられるのを覚えます。こうして「崇高の美学」は「倫理・道徳」となります。「卓越＝崇高＝倫理・道徳」です。

## 2　中堅社員のあり方

新入社員あるいは若手社員はいわばテスト期間中です。会社も彼（彼女）をテストするし、彼（彼女）も会社をテストします。テストはこのように双方向であることを互いが認識しておくことが大事です。

社員は個人人格として社会に関わり、社会を介して会社に関わります。社員は組織人格として会社

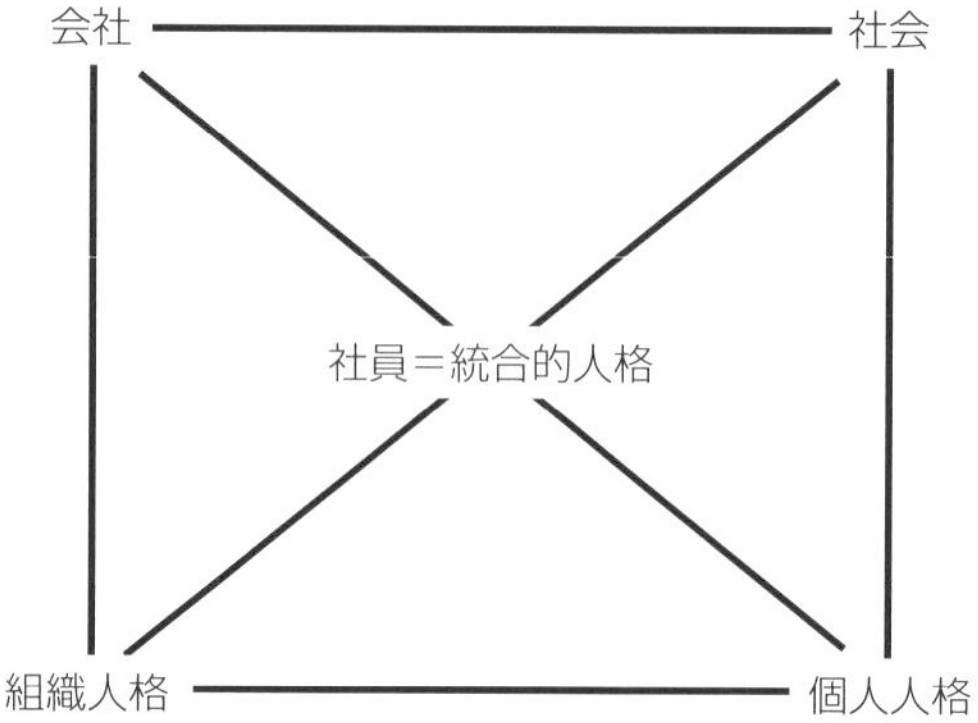


図11

に関わり、会社を介して社会に関わります。その多重な関わりのなかで、社員は統合的人格としての自己を把持しています。図解すれば〈図11〉のようになります。

社員は統合的人格としてこれらの相関を調停します。社員は一方的に会社に選ばれるわけではない、社員の方でも会社を選ぶ、会社は活かして使えるかどうかを基準に社員を選び、社員は自分の生を託すに足るかどうかを基準に会社を選ぶ、そして、互いに相手を選んだかぎりはその選択が間違っていなかったかどうかを引き続き検証する、その相互検証期間が新入社員・若手社員と呼ばれる期間です。検証にパスしなければ、会社はそれ相応の対処をするしかありませんし、そうであれば社員は会社を離脱するだけの話です。互いの選択が間違っていなかったことを証明するための努力は互いに一応はしますが、その努力の猶予期間が新入社員・若手社員期間だといってもよいでしょう。

その検証に耐えてそれを乗り越えたとき、社員は中堅社員へとステップアップします。そこではこれまでの選択・被選択の関係とは違った関係性が両者の間で生まれます。互いに相手を相互生成し合うのです。互いのあり様《よう》を〈他でもあり得たあり様〉へと移し（写し）替える努力を互いがするのです。

その機微をまず社員の方から見ていきます。中堅ともなれば、社員はある程度までは会社に対して広域的な視野をもつことができます。つれて、社内のあちこちの不調和や不整合も見えるようになります。それをどう改め、正常化するかが自分の役割・仕事だと自認したとき、彼（女）はすでにして立派な中堅社員です。それが見えない間、見えてもそれを是正するのが自分の役割・仕事だと自認できない間は、彼（女）は依然として新入社員・若手社員の域を出ないというべきです。

是正や修正・修復を行うには組織内に二つの回路があります。一つは反体制派的批判者の立場です。組織のゆがみや腐敗が調整（修復）不能な程度にまで進行していると認識するならそういうスタンスを取るしかありません。職を賭する覚悟で社員はそうします。もう一つは体制内非体制派の立場です。体制に自己同一化するのでもなく、体制にただノーを突きつけるだけでもなく、体制内に身を保持しながらゆがんだ体制に対して自らが進んで是正の役割を買って出るのです。体制をよりいっそう健全に生き延びさせるために自らが体制内非体制派の役割を進んで引き受け演じようとするのです。中堅社員としてはこれが最もふさわしい生き方です。こういう中堅社員が一人でも多くいるなら、またそういう中堅社員が組織の中枢に、そしてより高次の階序に配されていくようならその組織は健全です。

そもそも、組織道理に無批判的に自己同一化するような社員など会社は求めていません。むしろ組織道理に対して一定の距離を置いて、それへ主対的に対峙する人間、いわば体制内にあって非体制派的スタンスを失わない社員をこそ会社は求めています。

非体制派は反体制派ではありません。あくまでも体制内にあって体制の論理に無批判的に巻き込まれることを潔しとしないのが非体制派です。したがって、彼（女）は基本的には体制内の人間です。体制内非体制派のこのような生き方こそが中堅社員としての生き方の真骨頂なのです。

新入社員・若手社員ですら会社に選ばれることのみに汲々としてはいません。逆に自らが主体的立場で会社を選ぶというスタンスを失ってはいません。中堅社員なら、なおさら会社に対して適正な距離を置くべきです。卓越者をもって任ずる中堅社員なら、なおのこと自らをあえて非体制派的な立場に置いて、組織道理が陥っているかもしれない歪《ひず》み欠陥などを進んでただすことです。そして、そういう健全なスタンス、立場、振る舞いを堅持している社員がいるなら、会社はそういう社員をこそ組織有用の人材として引き立てるべきです。それこそが体制内非体制派＝非体制派的体制派の生き方であり、その処遇のあり方です。

そういう両義的側面をもった中堅社員が組織で枢要なハタラキをするなら、組織はより柔軟に編成された組織となって、どのような環境変化に遭遇してもメンバー全員の協働を調達（シナジェティクス）して、組織をつねに定常状態（ホメオスタシス）に保つことができるでしょう。メンバーの創発的意欲（エマージェンス）は組織の中核価値へと束ねられ（ストレンジ・アトラクター）ていき、組織には恒常的安定性（オートポイエーシス）が約束されるでしょう。そのような闊達《かったつ》な組織気風が組織文化（ヒステリシス）として定着するなら、組織の目指す方向が全メンバーに納得をもって受け入れられ、組織にはコヒーレントな結束が生まれ、したがってその進路選択（セレクター）を誤まることもないでしょう。こうして、組織はそのまま生きた生命体となります。

社員全員が体制内体制派となればどうなるか、組織は無批判的にただルーティン的な処理をもっぱらとするだけのマシーンにしかすぎなくなるでしょう。そういう組織は柔軟な状況適応ができずに、いずれ硬直化し閉塞し衰退するでしょう。卓越者中堅社員はつねに生命論パラダイムを生きる体制内非体制派＝非体制派的体制派であり続けます。

（体制内非体制派＝非体制派的体制派の生き方については、《補論》「私のサラリーマン生活」―体制内非体制派という生き方　を参照してください）。

## 3　管理職社員のあり方

経営の現場で日常的に繰り広げられるさまざまな事象を「経営は物語の制作」だと総括しました。その見地からとらえ直しますと、経営とは、いわば「コトバが駆使される現場」、「言説の体系」であるという側面が改めて見えてきます。

経営組織の中にはそのコトバの使用に長《た》けてはいるが実行力を欠いた人がいます（「口舌の徒」と貶称《へんしょう》されることもあります）。本来は〈図7〉の「知識・情報」、「メタ知識・情報」の見張り人で、それを不断に新しく編成し直す編集者であるべき人間が「行為・体験」、「出来事・経験」の世界への目配りを欠いて自らが共同幻想の演出者に成り下がっているケースです。そのような人物が住み込んでいる世界は〈無定形で不分明な無意味のマグマ〉でしかありません。彼（女）はこれにコトバによる表現を与えようと一応は意志しますが、しかしその意志もまた無定型のマグマでしかありません。この不分明なもの同士の間で起こるさまざまなザワメキの連鎖が彼（女）のコトバなのです。そのコトバを整序しようとする中で彼（女）はまたさまざまな〈言説体系〉を産出しますが結果は同じことです。仮に彼（女）が口先だけで「経営理念」なるものを唱えてもそれらは〈形象化〉された〈〈暗黙次元〉や〈暗黙知〉から根切りにされた）〈言語知〉〈メタ言語知〉の空なるハタラキ、いわゆる〈空念仏〉でしかありません。それによってもたらされるのは、いわばコトバによって〈仮構された言説体系〉であって、この〈仮構体系〉によって分節され、関係づけられ、編集される文脈の中では〈実ある活動であるべき〉組織活動は単なる〈コトバの遊戯〉へと頽落《たいらく》させられるだけです。そうなるとそこからまた新たな〈仮構の言説体系〉が再生産されて、結局は経営は「共同の幻想体」へと陥らざるを得なくなります。〈仮構された言説体系〉は作られた〈共同幻想の非自然な価値体系〉でしかありませんから、そこには自己生成的な価値体系は示しようもなく、したがって目指す方向性も不分明なままです。その中にあっては、人はただひたすら〈体系〉の動向に順応して自らを共同幻想に組み込むことでこれを強化するしかありません。そうなりますと〈仮構された言説体系〉はいっそう硬直化し、組織はますます不自由の世界に沈むばかりとなり、やがてほとんど変革不能なような停滞、機能不全に陥ることとになります。そこにあるのは恣意性、共同幻想性、仮構性であって個々のプロット（言動）は全体文脈の中で相対的交換価値（位置情報）を担わされるだけとなります。そこでは個々の社員の人格的価値（実体的価値）は仮構された全体文脈のなかでのみ通用する機能的交換価値とされてしまっています。つまり、そこで働く社員は、いかようにも分節され得る、入れ替え自在な単なる記号でしかなくなってしまうということです。

そうならないよう、それを何とかして意味のある「物語の制作」、〈構成された構造〉へと媒介する（意味づける）役割を担うのが本来の管理職社員の役割です。その管理職社員の媒介によって辛うじて社員個々人は、自らの可能態を不断に現実態へと繰り込むことのできる、生きた（単なる記号ではない）活動主体（「統合的自己」）となることができます。こうして管理職社員は全体文脈の形成とその機能発揮において自らが最大の「機能環」（連辞形成主体）となることで組織をその病理から救い出します。それによって〈仮構された「共同幻想」〉は打破され、組織は〈有意味な現動態〉へと連れ戻され、社員の機能的側面と人格的側面とは実質的に媒介され得ることとなります。

そのためには管理職社員はさまざまな言表努力をせねばなりません。既存の文脈に新しい連辞関係を生み出したり連合関係を新たに創り込む（メンバーの配置換えや他部署との入れ替えはその一つ）ことで全体文脈の意味を豊富化したり変換させたり、あるいは既存の連辞群からの連想作用でその傍らに新しい辞項群を作り出し（他部署での成功例を横展開するのもその一例）たり、活動のマグマに新たな分節線、画定線を引いて、そこにこれまでと違った連辞構造（文脈）を挿入し（社員の階等序列の組み替えはその例）たりの努力がそれです。もちろんこれらの操作は管理職社員だけで恣意的・

独断的・権力行使的に行われるわけではありません。日常の実践のなかで、四囲の状況を読み、社員の反応を確かめ、上長と意見のすり合わせを行いながら、思考操作（試行錯誤）の上でそれは行われねばなりません。

管理職社員はそうやって組織を沈滞・停滞・硬直化から救い出すのですが、既往の言説体系のいわば語り部であってそれの運用効率をいかに上げるかがその重要な役割である管理職社員当人にのみそれを期待するのはそもそも酷な話です。それをあえて強いれば、それがかえって抑圧となって管理職社員は現実への適応不全に陥り、その結果、現実の方も内破的な混乱に見舞われかねません。それには彼（女）をサポートする役割存在が必要です。それが次に述べる経営幹部社員です。

なお追記するなら、管理職社員にはもう一つ重要な役割があります。

管理職社員は既往の言説体系の語り部として〈メタ言語知（「メタ知識・情報」）〉機能を駆使する存在であることに因《ちな》んでですが、彼（女）は全体の文脈をどうデザインするかの「予見と計画の役割」も同時に担い得るということです。管理職社員は言葉によって、時空間概念を練り上げ、時空間的図式を描き、それを読み解いてみせ、その上で個々の事象（事物）を結びつけたり切り離したりして、成るであろう未来や在るべきいまを予見したり計画したりすることができるということです。つまり現実を「デザイン」することができます。それには「メタ知識情報」から由来する論理計算能力・数値計算能力が駆使されます。「デザイン」するとは、コトバによって「いま・ここ」という時空の限界から離れてあるべき世界を描いてみせることです。その「デザイン」を見て、人は予見と計画に基づいて未来の行動をイメージすることが可能になります。それは人々に新たな生を生き直そうとする意欲を喚《よ》び起こします。そこから人間の生活をサポートする「システム」や「文化」も新たに生み出されます。そういう意味では管理職社員は真のホモ・ロクエンス（コトバを操る存在）といえます。

〈言説の体系〉に囚《とら》われた経営は、自然のプログラムから外れることで「過剰としての文化」を抱え込んでしまうこともあり得ます。「過剰としての文化」はやがて制度化され、惰性化されて今度は人を縛る桎梏《しっこく》となります。逆に、文化の網で掬《すく》い切れないと過剰はカオスとなって日常生活にまであふれ出ることにもなります。そうなると、人は内よりわきあがる欲求と文化の桎梏との間で分裂し、動きがとれなくなります。そこにもまた新たな組織病理が発症します。「デザイン」は人間の知活動の幅と深みを著しく拡張しますが、それによって作り上げられた「文化」が逆に人間の自由な活動を縛る桎梏ともなりかねないというこのジレンマは解かれねばなりません。誰が解くか、その役割を担う者こそが次ぎに述べる経営幹部社員なのです。

重要なのは、言葉以前の、コトバ発生の源境である「出来事・経験」、「行為・体験」、さらには「所作・振る舞い」という、身体次元への回帰です。その営為は、さらにその下層に蟠《わだかま》る魂の次元、暗黙次元にまで届いていなくてはなりません。その暗黙次元から組織に生命エネルギーを備給し続けるのが経営幹部社員であり経営トップなのです。その「働き」を以下、順に見ていくこととします。（「連辞」「連合」「連想」などをはじめ、本項での言語論的記述については丸山圭三郎『著作集　第一巻～五巻』〈岩波書店〉を参照)。

## 4　経営幹部社員のあり方

経営とは価値共創の体系(方式)です。それは社員の協働(「働き」の共有)によって支えられます。個々の独立した「働き」がただ寄り集まって全体を作るのではなく、全体との関連と、他の「働き」との相関のなかで、はじめて個々の「働き」の価値が生じるのであって、出発すべきはつねに全体(および相関)からです。全体は個の算術的総和ではありません。価値は全体と個、個と個の関係の網の目とその間に生まれるのです。その価値共創・関係生成の体系(方式)を根底から組み替える役割を担う者、それがここでいう経営幹部社員です。

個々の「働き」には様態(表現)と内容(意味)という二つの側面があります。この二つは組織体制的には不可分に結びついたものとして管理されますが、その結合体制が固着化しないように、それに揺らぎを与えるのが経営幹部社員です。内容(意味)のない「働き」をやめさせ、「働き」にそれまでとは違う様態(表現)を与え、内容(意味)と様態(表現)との間に既往からは思いつかないような斬新な関係を編成・再編成するのがその役割です。

そのための方略には次の四つがあります。

一、みなが信じて疑わない個々の「働き」の自存性・自己同一性を、いったん〈かっこ入れ〉することで、相互関係性へ、相互生成性へとみなの眼を向け変えさせることです。

二、「働き」の相互関係性・相互生成性それ自体を、より高次の歴史的、社会的文脈から見直すことです。体系とは共同主観的な網の目でしかないのですから、それ自体では即自的な「価値」をもち得ないことを明らかにすることで、あえて体系それ自体を意識的に揺るがせるのです。体系の揺らぎに合わせて「働き」にも揺らぎを与えるのです。

三、「価値」共創体系（すなわち掲げられている「価値」）そのものの暫定性（恣意性）を明らかにすることです。「価値」共創は、それ自体が暫定的な実践行動（内容と表現の結びつきも暫定的なら、社員同士の協働的結びつきも暫定的）でしかないことを明らかにすることで究極的な（あるべき）中核価値は何なのか、その原点へとつねに立ち帰らせることです。

四、自らが行っている経営行動それ自体もまた共同主観的な営為であって、自分にできることは自らを進んで共同主観の強度の中へと組み込んでいくしかないことを（諸々の偶発的事象を取り込みながら「価値」共創関係そのものを再布置化していくしかないことを）自他ともに確認し合うことです。そうすることで最終的に意味があるのは〈「価値」共創プロセスの強度〉しかないことをみなに覚《さと》らせることです。

そこまで来れば残るのは個々の「働き」（ハタラキの差異化現象）だけとなります。そこからが経営幹部社員の本当の出番です。つまり、差異化現象としての個々の「働き」によって、価値共創体系それ自体を分節し直し、再結合し、再帰的（自己言及的・認知フィードバック的に、ということは自己反省的）に再編成する活動です。価値生産の原点・源泉への回帰です。回帰とは、静態的な均衡状態に罅《ひび》を入れ、そこを絶えず動きつつある動態へと突き戻すことです。そうすることで、各個人（部署）が陥っている（かもしれない）「自分は合理的運動主体」であるとの共同幻想を打ち破るのです。価値共創体系に不連続的変化をもたらすのです。メンバー全員が差異的・動態的な力そのものとなるよう促すのです。それによって線状性はポリフォニー化され、場はマグマの純動態（宇宙生命の渦巻き）そのものとなります。

このことは、既往の体系（組織文化や行動規範）をすべて撥無しようというのではありません。無からの創造はありません。既往の資源を再活性化することで、そこにかつて一度も存在しなかった新たな関係を樹立しようとするのです。「働き」の実践様態を組み替えることで全体文脈の意味作用をずらし、そこに斬新な「価値」を充填するのです。それによって旧来の価値共創体系を脱構築するのです。

経営幹部社員にこのような体系変革が可能なのは、体系それ自体が絶え間なく動く波動態であり、相互的に開かれた差異群であり、果てしない生成変化の過程であって、不断に他の体系と交錯し絶えず増殖する差異として、つねに不安定であって完結されていないからです。いいかえれば、体系（価値共創体系）をいつも・すでにそういう動的波動状態に把持しておくのが経営幹部社員の仕事（働き）なのです。

経営幹部社員と管理職社員との相補的にして相互媒介的な関係性について付言しておきます。前にも述べましたように、管理職社員は経営を「知識・情報」、「メタ知識・情報」の言説体系として整序するのがその本来的な役割ですが、それに対し、経営幹部社員は言説化以前の「出来事・経験」、「行為・体験」の身体知レベル、暗黙知レベルに立ち帰って、そこを活性化させるのがその仕事です。それは言語知によって自縄自縛的に絡め取られ硬直化しがちな言説体系を身体知によって柔軟化することでもあります。「知識・情報」、「メタ知識・情報」と「行為・体験」、「出来事・経験」とは、互いに相手を内包し合っているという意味では両者は互いに相補的関係にあります。しかし、「知識・情報」は「出来事・経験」のもつ豊饒さを否定的に削ぎ落とし、示差的に整序することで獲得されるのであってみれば、「知識・情報」をもっぱら操作することを任務とする管理職社員は、「出来事・経験」が発生する現場に身を置いて「知識・情報」操作によってもたらされる硬直化を何ほどか修復することをもって自らの仕事とする経営幹部社員とは、相補的関係を超えて、ある種の相剋的緊張関係にあるともいうことができます。

経営幹部社員がそのような緊張関係を踏まえてなお〈身体知レベル〉・〈暗黙知レベル〉に立ち戻って価値共創体系全体を揺るがすような「働き」ができるのには、現場にそれを歓迎し受け入れる条件がなくてはなりません。その受容のための媒介項（回路）の役割を担うのが、すなわち管理職社員です。その媒介によって現場社員もまた〈身体知〉・〈暗黙知〉を生きているという一半の事実に改めて覚醒することができます。このようにして〈現場社員―管理職社員―経営幹部社員〉の間が曲がりなりにも整序され得るのは、その根底に〈美的感性のハタラキ〉という共通項があるからです。その共通項によって、各身体は互いに溶け入って〈自然〉と一つになります。自然が身体を貫きます。〈美的感性のハタラキ〉には一切の作為も企みも必要としません。人がそこでなすのは、互いの感性を響応させ合うことだけです。そこにあるのは「それは美しいか」「崇高か」の問いだけです。そういう意味で、経営幹部社員の振る舞いは、ただひたすら美しくなければなりません。現場社員・管理職社員に崇高美の感動を与えるものでなければなりません。人が美（崇高）を感じるのはそれが人知（人為）の彼方の極北を目指しているからです。日常になずんだ頽落態から身を引き離し、普段は及びもつかない未知の地平に身を挺して立ち向かう経営幹部の姿ほど美しく崇高なものはありません。

かくして経営はアートとなり、経営幹部社員は美の審級に自らを奉じるアーティストとなります。アーティストとは、制約や抵抗をむしろ糧として、自らが美と判ずる境位を目指して自身を励まし続ける者のことです。問題は「それは美しいか」です。もちろん経営は科学という側面もあります。しかし、アートからすれば「科学も比喩でしかない」ことをいちばんよく知っているのもまた経営幹部社員です。

## 5 経営トップのあり方

経営トップは全社・全社員を束ねる中核価値（ストレンジ・アトラクター）の象徴であると同時に、自ら〈図3〉の四象限座標系のすべてを視野に入れています。

まず第一はアテンダンスです。自社のミッションを内外に闡明《せんめい》することです。これは同時に自らのトップとしてのあり方、立ち位置を覚悟を定めて選び取ることでもあります。そして、それをもって的確な状況判断（アフォーダンス）によって、適切な状況選択（アブダクション）を行うことです。

その際、大事なことは自己相対化・抽象化の視点を失わない（一切の私情思惑、私利私欲を混じえない）ことです。自己無化、公正無私が基本です。

第二は、経営トップの発する言葉には組織場全体を揺るがすような言霊力が備わっていなければなりません。どんな片言隻句であっても組織の中核価値から発せられるものであって、それによって組織の中核価値に内実を与え、それをよりいっそう明確化・強化するものでなければなりません。言霊力をストレンジ・アトラクターとして、その周りに経営諸力を糾合させるのです。そこに言霊力が宿るのは、それがルーティン的枠組みを超え出た価値を体現しているからです。経営トップとしての社会的責任・義務に関することであれ、トップ個人の信念・信条に関わるものであれ、すべてそう（であるべき）です。

第三は、その言霊力で場に相転移的な変革をもたらすことです。運営の細部は経営幹部社員以下に任せるとして、経営トップが行うべきは暗黙次元への回路を穿《うが》ってそこから生命エネルギーを汲み上げ、ないしはそこに渦巻く宇宙生命力と自らが共振することで、場のエマージェントなエネルギーを不断に賦活し続けることです。社員のやる気を振起させ、それを組織の中核価値へとコヒーレントに束ねることです。斬新なプロジェクトが組織のあちこちで立ち上がって、それが全社の創発的新機軸（ストレンジ・アトラクター）へと自己組織化されていくように場を誘導することです。

第四は、以上の三つを可能にするための具体策を〈図3〉の四局面に沿って創案し実践することです。すなわち、

① 一致共同（シナジェティクス）……仮に社員の中に異和分子がいても、それを単に排除するのではなく、むしろ組織刷新のエネルギーとして体制内非体制派へと取り込むことです。

② 組織文化（ヒステリシス）……会社がそれまでにたどってきた履歴をさらに強化する方向で新しい経路を切り開くこと、その気風を組織文化として全社に根付かせることです。

③ 意思決定（セレクター）……細目は部下社員に任せるとして、自身が行わねばならない最高意思決定の局面においては熟議をこらし、過去の経験を活かし、慎重果断に進路選択を過つことなく行うことです。

④ 恒常性（ホメオスタシス）……どのような難局にあっても組織機能、および社内空気をつねに平静に保つことです。それには自身がつねに心の平静を保っていなければなりません。

そもそも、経営とは優れた芸術創作活動にも匹敵する文化的な働きです。芸術が生まれる過程には発生や動機を止揚し変形する一種の精神的な昇華作用があります。芸術発生の母胎は祭式です。その祭式を例に経営の芸術性（アート性）について以下で考えてみることにします。

会社は考えようによっては一種の祝祭空間です。経営とはそこでの祭式のようなものです。そこには、精神の集団的な高まりや新たな生命の蘇りがあります。

祭式のなかには厳粛な要素と祝祭的な要素とがともに含まれています。それゆえ人はそこで安らぎ、くつろぎとともに精神的に浄化されます。生産と豊穣と生の蘇りが一つになって体感されます。そこには解放とそれに伴う悦楽があります。経営の場が悦ばしい祝祭空間、劇場空間となったとき、そこは合理的計算空間を超え出てアートとなります。

アートによって人は心的統一を回復します。経営空間も同じです。経営トップの発する言霊は、いわば祭式の場の祝詞《のりと》です。それは場の集団的律動と共鳴・共振し、それに促されてメンバー社員は日常の現実を超えた次元で情緒的に統一され、深層における自己意識、つまり自由へと到達し、より高い共同体の一員として新たに生まれ変わります。

こうした事態が生じるのも、暗黙次元から響き出る宇宙摂理の生命リズムが人間の情緒と共振し、それを統一し、メンバーをしてより高次の共同体の一員として自由（あるいは再生）の意識に目覚めさせるからです。自分が他のメンバーとともに平等に高まることを保証するリズムに共鳴するからです。

経営トップの発する言霊が力をもつのは、その言葉がもつ意味や感情が社員に内的な呼応を喚び起こすからです。美的にして霊的なものを喚起する力が具わっているからです。美しいもの崇高なものを賛美する心が社員にあるからです。日常的に語られる言葉が現実の重みに耐えつつ高められるという目覚ましい現象がそこでは起こっています。それは人間の共同体的本質への回帰です。「共同体」を成り立たせる「倫理・道徳」的規範の発生する源境もそこです。そここそが人間の抱える矛盾葛藤が一挙に止揚される超日常の時間が支配する原初的世界です。それは、すべての人間にとって〝いのち〟を支える力となります。

## 《補論》　私のサラリーマン生活―体制内非体制派という生き方

〈略歴〉

昭和三二年（一九五七）に住友銀行に入社。住友銀行では、浅草支店―調査部―人事部―静岡支店長―東京営業部副部長―人事部長―人形町支店長―取締役企画部長兼融資第一部長―常務取締役業務推進部長―常務取締役東日本業務本部長―専務取締役資金証券本部長―専務取締役業務総本部長。同行専務取締役を辞任後、（株）日本総合研究所設立に伴い、初代社長に就任、会長を経て、現在同社の特別顧問。平成二一年（二〇〇九）より学校法人　大妻学院理事長就任。本稿は、その履歴の初期部分の要約です。体制内非体制派として生きるとはどういうことか、多少ともみなさんのご参考になれば幸いです。

### 1　就職

昭和三一年一〇月一日、この日が私の住友銀行の就職試験日でした。それまでには、銀行を訪問して就職申込書を提出する際に人事課長クラスの人に簡単な面談をするくらいのことはありましても、特に事前の就職活動のようなことは当時はありませんでした。

学生七～八名を前に重役連中が居並びます。人事部長が一通りの質問をした後、頭取が質問します。「いまの世の中を見ていちばん問題と思う点は何か」。いきなりの意表を突く質問に学生は平素考えていることを率直に答えるしかありません。「貧富の懸隔が大きすぎるのが問題です」。頭取がすかさずいいます。「学生らしい良い答えだ。ではどうすればよいと思うか」。「税制・財政で所得移転するしかないと思います」。「そんなことをすれば人は勤労意欲を削がれるだけだ。北欧の福祉国家がその例だ。では聞く。君のいう所得移転額は国家財政のうち何パーセントを占めるか」。正直に答えるしかありません。「知りません」。重ねて質問「何パーセントと思うか」。「知らないので答えようがありません」。「当てずっぽうでもよいからいってみなさい」。「三八％であります」。頭取「ヒトケタ違う」。ここで引き下がれば就職試験はそれで終わり、とすかさず答えます。「頭取は生活保護費のような直接的な所得移転のことを仰っておられると思いますが、私が申し上げているのは、失業対策費、土木事業費などを含むすべての社会政策費のことです」。「それを加えても三八％はないだろう。何を根拠の数字か」。「根拠はありません。ウソのサンパチの三八であります」。頭取「面白い」。それで合格です。別室で昼食に天丼をご馳走になっていると人事担当者が来ていいます。「午後に訪問を予定している会社があるならこの場で辞退の電話をするように」。当時は会社・学校・学生の間で「最初に内定した会社に就職する」という紳士協定があったためです。私は当日午後に予定していた三菱銀行に午前の面接試験で住友銀行に内定した旨を電話しました。電話に出た三菱銀行人事部職員の言葉に感動しました。「おめでとうございます。これから同じ金融界で一緒に仕事をすることになりますね。いずれお世話になることもあるかもしれません。その節はよろしくお願いします。頑張ってください」。一瞬、午前の面接試験を三菱銀行にしておけばよかった、の思いが脳裏を走ったのを覚えています。

それはさておき、就職を決意するに至るまでには自分なりに覚悟を定める必要がありました。何を目的に「働く」のか、そもそも「働く」とはどういうことなのか、数ある中でなぜ銀行なのか。そもそも自分は就職に向いているのか、他に選択肢はないのか、などの自問です。かれこれ三カ月ほど考えた末の自分なりの結論はこうでした。

「就職とは会社に自分の人生を売り渡すことではない。あるのは、互いに選び、選ばれるという対等の関係である。互いにパートナーたり得ないことがわかれば、いつでもこの関係は解消されて然るべきものである。期間がどうであれ、人生を託すに足る相手かどうかの見極めが大事である。会社の方もその間どこまでこの人間が使えるかをチェックするという形で自分に戦いを挑み続けるだろう。就職とは互いにその見極めをつけるための、いわば会社と社員との戦いである。就職したその日からその闘いがはじまる」

ざっとこんなところです。

もちろん、銀行であれば食べていくに不自由はすまい。両親も安心するだろう、将来銀行の調査部にでも行ければわが国政治・経済の最先端の動きも学べるだろう、などの思惑もあったことは事実です。学生時代に当時住友金属鉱山に勤めていた叔父の書棚にあった川田順の『住友回想録上・下』に触発された面もあることはありました。しかし、私の心の主たる部分を占めていたのは上記のような思いであったことは確かです。

戦うには武器が要ります。戦略も必要なら戦い方も考えねばなりません。武器は何ももたない、戦略も方策もない、ただ相手を見極めるための視座だけは、しっかりと定めておかねばならない。全人格をもって闘うしかない、それには建設的な批判者の立場をとるしかない。体制に身をすり寄せ、それと自己同一化するのではなく、かといって体制からはみ出るのでもなく、体制内に身を処しつつ体制とは一定の距離をおきながらそれと対峙するとはどういう生き方か。たどり着いた結論は、〈体制内にあって非体制派のスタンスをもち続けること、非体制派的体制派をもって任ずること、魂の自由人であり続けること〉。以上です。

学生時代に考えたのはここまでです。そして入社のその日から、その通り実践しました。いまから思い返してもかなり際どい「闘い」でした。しかし、だんだんと経験を重ねるにつれてこの考えにもいくらかふくらみが出てきました。会社との闘いが選び・選ばれるという関係から、会社をどう変えることができるかの闘いへと移行していったのです。それには体制のより中枢へ、できればその階層のより上層を目指して、自分をプロモートすることで、会社への影響力を少しでも増やしていくことが必要です。しかし基本スタンスはあくまでも〈非体制派でありながら体制派であり続ける、あるいは、自他ともに許す体制派でありつつ、どこかに非体制派的な心情と信条をもち続ける〉、といったジレンマを生きることです。私の住友銀行員生活は最後までそのジレンマとの戦いであったといってよいと思います。そして、いまにして思います。〈その闘いに下手な決着をつけなくてよかった〉と。そしてそのようなジレンマを自分なりに生き続けることを最後まで許容してくれた住友銀行の懐の深さを思います。

若い人たちにはこう勧めています。〈体制内非体制派をもって任ぜよ、非体制派的体制派の心情をもち続けよ。会社は体制に自己同一化した人間など求めていない。体制の尻馬に乗って権勢の片棒を担ごうなどもってのほか〉と。

一方で、人間は組織に属して機能的役割存在としての「個」を生きます。同時に他方で、人格的存在としての「個人」を生きます。その「個」と「個人」の間の矛盾・葛藤を何とか調停しながら人は生きています。「個」に徹して生きようとすれば体制派となります。「個人」を大切に生きようとすれば非体制派になります。そういう意味では、体制内非体制派（非体制派的体制派）という生き方は会社で働く人間にとって根元的な生き方に通じます。だとするなら、そのジレンマに開き直って生きていくのは人間にとって自然な生き方といえましょう。

## 2　講習・配属・転勤

入社後の三年間はテスト期間です。それは入社式の前からすでに始まっています。

住友銀行では入社後ただちに全員合宿制の講習が一か月間にわたって行われるため、その前に新入生は指定の寮への入寮手続きをします。全員がそろったところで講習を担当する講師四名も出席して、旧寮生主催の新人歓迎会が開催されます。その会場での出来事です。

入社五年目の寮委員長が新人歓迎挨拶のため演壇に上がるとき、旧寮生の中から声がかかりました。「未来の頭取！」。〈入社三〜四年の若者が、はやくもゴマスリしてオベンチャラをいう会社か〉と、こちらはムカッときましたがそこは辛抱です。新入生が一通りの自己紹介をします。四人の講師がそれぞれ今年の講習方針などを説明します。宴もたけなわのころ講師の一人が「これから歓迎のピアノ演奏をします。曲目はモーツアルトのケッヘル◯◯番」というや、椅子に立ちあがってクチピアノを始めました。最初はみな感心して静かに聞いていましたが、延々と続いてしだいにザワツキが出始めたころ、すかさずヤジが飛びます。「キザダ、ヤメロ！」。直ちにクチ演奏は終わります。一瞬にして座はしらけます。誰あろうヤジを飛ばしたのはこの私です。新入生仲間はみないいます。「エライことをやってくれたな。これからの一か月が思いやられる」「おまえはイジメられるぞ」等々。私からすればこれも会社テスト（闘い）の一環です。これで相手がどう出るかが勝負どころです。結果はテスト合格でした。講習期間中四人の講師はことのほか私に親切で、可愛がってくれたからです。（多分、四人相談のうえ私との闘いの作戦を立てたのでしょう）。

講習の最後で人事部長以下幹部そろって人事担当役員主催のスキヤキパーティが会社の施設で催されます。自己紹介の仕方、今後の抱負の述べ方などについて講師からこもごも事前注意があります。新入生はいささか緊張気味にいわれた通りの挨拶をします。私の順番が回ってきました。私からすればそこもまた会社テスト（闘い）の場です。「私は歌をうたいます」。ルール違反です。座が緊張します。私が歌い始めたのはちょっと滑稽な「数え歌」です。居並ぶお歴々や講師連がこれにどう反応するかを見てみたいというがこちらの目論見です。結果は見事に合格でした。歌い終わるとみながニコニコと拍手喝采したのです。

講習が終わればいよいよ配属店の発令です。大卒幹部候補生は都心の大型店舗に三人づつ配属され、そこでおおよそ三年間、ローテーションしながら、預金・為替・融資業務などを習得するのが通例です。特にエリートコースに乗る者は、その間に英会話学校などに半年派遣されたりします。蓋を開けてみれば、私は都心を外れた場末の〝浅草支店〟でした。会社はまだ私のテスト中なのです。ならば私も会社テストを続けるしかありません。

それから三年間、私の〈壮絶な、しかし多少滑稽な〉会社との闘いが始まります。

最初の配属は預金係です。入社の年の年末大晦日の夜でした。当座預金担当の女子社員が終日アカウントマシンを打ちまくって、午後八時になっても未処理の小切手や約束手形など伝票類が山ほど積み残しです。労働基準法上は女子は午後八時には退店させねばなりません。どうするか。支店長、預金係長が鳩首《きゅうしゅ》協議します。そこで私が買って出ます。

「アトは私がやります」

「君は機械操作ができるのか」

「見よう見まねでおおよそやり方は分かっています」

「ならば頼む」

ところが、見るとするとは大違い。手は遅いは、操作間違いはするはで、当然のことながら結果は惨憺たるものです。元旦の朝になっても片付きません。当座預金勘定が締まらなければ全店の計数も締まりません。結局は男子社員全員が元旦から勤務する羽目となりました。しかし、誰一人文句をいったり不満を漏らす者がいなかったのはさすが、ここでも会社テストは合格です。

事務をやらしていては周りが迷惑するということだったのでしょう、年明け早々に受付係に配置換えになりました。受付係では大事な客を怒らせたり、理不尽と思えば店内取り決めを外れた処理を行ったりしているうちに、これまた半年でクビになりました。そして取引先係に配転です。入社一年と少々しか経っていません。同期入社の中では最も早い外回り任命です。しかし、やれる仕事といえば集金と新規勧誘ぐらいです。朝から晩まで担当地盤の外へは一歩も出ずに軒並み勧誘です。当然に成果は挙がりません。そういう時に支店長が交代しました。「こんど来る支店長は東京でいちばん怖い支店長」という触れ込みです。新支店長が着任します。前支店長との引き継ぎも終わり、いよいよ今日から本格稼働です。外回りはみな戦々恐々です。取引先係長に私が申し出ます。「みな怖がってばかりいてはどうにもならぬ、どれくらい怖いか私が試してみる」。「君はそれでよいかもしれぬが、迷惑するのはこっちだ、それはやめてくれ」。「やってみなければ分からぬ」と、支店長席から外回り連中を睥睨《へいげい》している支店長のところへ行きます。「支店長、私の担当地盤を変えて頂きたい」。「なぜだ」。「成績が一向に上がらないのは、この地盤にはカネがないからである」。「そういうかぎりはよく調べたうえでのことであろう。明日から一緒に回ろう。なぜカネがないと君が判断したのか一軒々々説明してもらう。もし説明できなかったらその時は承知せんぞ!」と全店に響き渡る大声で怒鳴り上げました。ここが勝負どころです。引き下がったら負けです。「承知しました、では、あすからお願いします」。外回り仲間はみな、これからどういう成り行きになるか固唾《かたず》を呑んでいます。

その翌日です。朝八時から支店長の出勤を待ち構えます。支店長が出勤して来ます。

「約束です、すぐに同行願います」

「調べはついているのか。一週間余裕を与えるからその間によく調べておけ、どこから行くか分からぬぞ」

「結構です」

実はここまではこちらの作戦通りです。そもそもカネがあるかないかなど誰も証明などできるはずはありません。支店長もそれは百も承知の上です。第一、着任早々で何かと忙しい支店長が下っ端の外回りにノコノコ付いてくるような間抜けなことをするはずがない、これがこちらの読みです。そして、一週間が経ちます。同じ伝で午前八時に支店長の出社を待ち構えます。

支店長曰く。

「いま何時だと思っている。八時だぞ。夜の商売である先方はまだ寝ている時間だろう。先方の迷惑も考えよ」

「支店長それは甘い、支店長が訪問する限りは先方の主人に会ってもらわねばならぬ、寝こみを襲わなければ相手はすでに仕事に掛かっていて相手にしてくれない、早朝から支店長が挨拶に見えたということで先方も真剣に受け止めてくれる。いますぐ出て欲しい」

これも当方の作戦の内です。支店長が相手の寝こみを襲うなど品のないことを仕出かすはずなどありません。案の定支店長は一呼吸おいていいます。「分かった、そこまでいうなら君のいう通りにしよう。今日ただいまから君は担当地盤なしノルマなし、どこへ行って何をしようと君の自由」。

この後、数々の武勇伝が続きますがそれは省略します。三年後に転勤する時点では浅草支店随一の稼ぎ頭になっていたことだけをつけ加えておきます。要は、テストは互いに合格点だったということでしょう。

新入社員時代にいろいろおこなった会社テストの一つに、寮長へのテストがあります。当時は自宅通勤者以外は全寮制でした。寮長は人事部員で軍人上りの人が多かった。私が入っていた寮は田端にあって、寮長は元陸軍大佐大本営参謀でした。寮生は怖がっていました。どれほど怖いかは試してみなければ分からない、とのいつもの伝で、最大の規律違反とされていた無断外泊を試みてみました。話に聞くところでは、無断外泊者は直ちに人事部に通報され、人事部から支店長に連絡があって、支店長から厳しくお叱りを受けるということでした。結果はこれまた合格でした。翌朝、午前九時に寮長から直接店の私に電話が掛かってきました。

「無事か、よかった！　このところ君の顔色が良くないので心配していた。昨晩は一睡もしないで君が帰ってくるのを待っていた。無事でよかった！」

電話の向こうの声は、心なしか潤んでいました。このことがあって以来、私は今日まで人を試したことは二度とありません。

浅草支店から本店調査部に転勤した時の模様も追記しておきましょう。入社三年経ったところで、人事部次長の来店面接がありました。新人の出来上がり具合を見て、次の転勤先を決めるための面談調査です。

「君の同期は都心の店で外国為替や融資部門で勉強している。中には英会話学校で遊ばせてもらっている者もいる。君は集金係のような外回りしかやっていない。よく我慢しているな、なにが楽しくて辛抱しているのか」

「我慢も、辛抱もしていません。毎日が面白くて仕方がありません」

これも互いのテストマッチです。弱音を吐けばその時点で勝負ありです、ウソも方便というものです。その一週間後に大阪本店の調査部へ「栄転」です。本店調査部といえば若手社員羨望のエリートコース中のエリートコースです。

この転勤に際しては一策を講じました。そのとき浅草支店はちょうど開店三〇周年記念パーティを催すことになっていました。調査部への着任指定日を二日ずらしてもらって、記念パーティ当日の夜行寝台車で大阪へ赴任する計画を立てました。私のお客も招待する手前、自分はその場にいるべきだという当然の理由からです。東京駅まで何人が見送りに来るかも私のテストに入っています。驚いたことに支店長以下全店全職員が見送り来ていました。しかも支店長は、ホテルでのパーティからの流れですからモーニング姿です。男子社員はダークスーツ、女子社員は盛装してそれぞれ手に小さな花束（ホテル会場の生花）を抱えています。そこで、私は一生一代の東京駅頭大演説を行ったのです。

「未熟未練の私をとにかくここまで育てて頂いたことに対し衷心より感謝いたします。本日かくも盛大な見送りを頂いて感動しています。このことは生涯忘れません。翻って、わが浅草支店の業績はどうか、残念ながらいま一つである。私としても何とか貢献したいと思いながら非力非才いかんともしがたく、十分な働きができなかったことを遺憾に思います。あとは支店長の下、全店一致協力して立派な成果を挙げていただきたい。はるか大阪の地から皆さんのご活躍を見守っております」と、こんな具合です。この光景は遠巻きにして眺めていた他の一般乗客にある種の感動を与えたらしく、列車が動き始めてしばらくして一人の相乗り客が私に話しかけて来ました。

「お見受けするところお若い方のようですが、よほどお偉い方なのですか」

「いやただの入社三年の若手社員です」

「みなさんがああやって見送るというのは住友銀行の伝統なのですか」

「そうですが」

「素晴らしい銀行ですね」

世間一般のテストにも合格したということでありましょうか。

### 3　調査部から人事部へ

会社の私へのテストはまだ続きます。調査部ではいきなり特定の業界担当を命じられます。それまでどんな経歴を歩んできたかなどお構いなしです。事前の教育もなければＯＪＴもありません。先輩指導者が一人つくだけです。彼も自分の担当業界を任されていますから後輩の私のことなど構っている暇はありません。質問されれば答える程度です。

着任して挨拶もそこそこにあてがわれた椅子に座れば、早くも目の前に支店から上がってきた融資申請書が積まれます。当時はダブル・チェック・システムといって審査部で審議する前に調査部が所見を付する仕組みになっていました。浅草支店で預金と外回りの経験しかない者にとって申請書など初めて見る代物です。へえこれが申請書というものかという新参者にコメントなどつけようがありません。支店からの申請書は手元にたまる一方です。数日すると審査部の審査役が調査部に怒鳴り込んできました。

「担当者は誰か、支店からまだ認可書が来ないがどうなっているかと審査部宛てに苦情が殺到している」

「私が担当です。申請書は手許にあります」

「ありますすじゃないだろう、早く判を押して回せ」

「分からないものにめくら印を押すわけにはいきません」。

「何を！　いいから貸せ」

というやいなや、山積みになった申請書を鷲づかみにもっていかれてしまいました。相手は支店長格の審査役です。初めから勝負になりません。この一幕劇は周りの調査部員はみな見ていて見ぬふりです。誰一人手伝ってもくれねば抗弁もしてくれません。新参者いじめといわれても仕方がないような話ですが、誰もそんな意識はありません。私自身にもそんな被害者意識はまったくありません。これも一つの闘いだというぐらいの認識です。

それから猛勉強を始めました。すべて独学です。徹夜で、銀行の融資規定から参考書の類《たぐい》を読みます。先輩職員がものした調書の類を片っ端からひもときます。こうして六か月、おぼろげながら融資の仕組みをつかみ、財務諸表の読み方を学び、業界知識を仕入れます。当時の睡眠時間は一日三、四時間だったでしょうか、ほとんど寝る暇もありません。その間も毎日支店から申請書は待ったなしに上がってきます。それを何とか見よう見まねでさばきながらの勉強です。

それでも半年もするといっぱしの調査部員になった気分です。毎月一編の業界展望の記事を調査部レポートに書き、その間数社の実地調査もして個別調書も数編書き上げました。当時調査部では六か月は試雇期間という通念がありました。六か月で調査部員として不適と見なされれば情け容赦なくクビということです。私にもそうやって六か月目が廻ってきました。周りは冷やかし半分で「クビを洗って待っていた方がいいんじゃないか」などとからかいます。まさかと思っているところへ調査部長が呼びます。「今日付けで君は人事部へ転勤です。おめでとう」の一言です。

私としては、頭に来ざるを得ません。勝負には勝てた積りでいます。ここで白旗を掲げるわけにはいきません。いかに対応すべきか夕刻まで考えました。人事発令時刻の午後五時に人事部に怒鳴り込む作戦です。夕日の差し込む人事部の部屋では、まだ多くの職員が働いていました。目指すは人事部長の席です。席には人事部次長がいました。詰め寄ります。

「住友銀行の人材育成方針はいったいどうなっているのか。浅草支店では融資の経験もさせず外回りをさせておきながら、調査部でいきなり融資申請書にコメントさせる。それも必死に自学自習してやっとどうにか申請書が読めるようになってこれからという時に調査部をクビにするとはどういう料簡であるか、返答いかんによってはこの人事発令を受け取るわけにはいかない」

人事部次長は怒りました。

「何を贅沢いうか。俺は調査部三か月で人事部転勤になった、六か月も調査部に置いてもらってそれだけでも感謝すべきだ、辞令を受け取れない？　甘ったれるんじゃない！」

「あなたの場合は調査部落第だったのじゃないのか、私が落第というのならそうと納得のいく説明をしてもらいたい」

押し問答していると奥の人事部長室から大きな男が顔を出して「誰だ、大きな声を出しているのは」

「こいつです、辞令を突き返すといっています」

「よし、部屋に入れ」、と人事部長の部屋に入れられました。これまで人事部次長にいったことを人事部長にふたたび繰り返します。黙って聞いていた人事部長がいいます。

「君のいう通りだ。住友銀行には計画的に人材を育てる育成プログラムなどない。君が人事部でそのキャリア・ディベロップ・プログラムとやらを作ったらどうか。しかしいっておく。人事部も六か月間は試雇期間だ。使いものにならんとなればまた出ていってもらうからそのつもりでおれ」

「ハイ頑張ります」

これで勝負はつきました。そして、末席人事部員から人事部長まで、このあと約二〇年間（この間、数年の支店長経験を挟んで）の人事部生活が始まるのです。

銀行の人事部というところは、組織論的には体制派中の体制派、いわば体制派中枢の奥の院です。いわば権力機構の末端に連なるセンサー組織です。しかし、それだけにここが体制内体制派として凝り固まり、その牙城になったら、その組織は閉塞するばかりです。現場職員の声が聞こえなくなったら、それを経営トップに伝える者はいなくなります。人事部こそが体制内非体制派、非体制派的体制派でなければならないのです。人事部は体制に対する建設的な批判者であってはじめて社員一般の信頼を獲得することができます。私が入社のとき懐《いだ》いていた初志を具現化できる場が、どうやら与えられたというところでしょうか。

私の人事部時代の仕事は、それに尽きるといってよいと思います。体制サイドの強すぎる、ないしは偏りすぎると思える権力行使には、ことごとくノーを突きつけました。同時に、体制サイドの弱すぎる、ないしは腰の据わらない非（反）体制派対応には、断固として体制保持のため身を挺して闘いました。非体制派的体制派＝体制内非体制派の本領発揮です。具体例を挙げるのは憚《はばか》られますが、差し障りのないところで一つだけ例を挙げましょう。

ある年の人事採用計画を経営会議に諮《はか》ったときのことです。当時は、人件費率をいかに下げるかが最大の経営課題でした。これ以上は絞り込めないギリギリの線で案を提示しました。ある有力幹部がいいます。

「今朝、出勤途上でちょうど○○支店のシャッターが開く時間に行ってみた。窓口の女子社員は指のマニキュアなどいじっている。人はまだ多すぎるのではないか」

支店では時間帯ごとの繁忙度に合わせて時差出勤体制を敷くなど、さまざまな工夫のなかで顧客サービスの最前線である窓口体制だけは万全を期しています。

「○○支店の階段踊り場に女子職員の等身大のポスターが貼ってあるのをご覧になりましたか。シャッターが開くとき、まず自分の指先をチェックせよと書かれています」

これで審議は終了。原案通り可決。後で頭取に呼ばれて注意されました。

「ああいう時はだな、一応は〝おそれいりました〟といって引き下がるものだよ。万座の前で人に恥をかかせちゃいかんよ」

体制内体制派のあり方を教わりました。

## 4　仕事の要訣

人事部長のあと支店勤務を経て、企画部長、業務担当・資金証券担当などの役員を歴任し、最後は国内営業の総括担当専務取締役で銀行を辞しました。ちょうどバブルがはじけた平成三年のことでした。その間、いろいろの仕事を通して体得した「よい仕事の仕方」とは何かの要訣をここで幾つか箇条書きにしておきましょう。

仕事をするのは人です。人と人との協働が「仕事をする」ということです。メーカーであれ、商社であれ、銀行・証券会社であれ、業種に関係なしに、そこには共通の原理が働いています。以下はその原理です。
一、状況を読む……仕事のできる人は状況を読むのがうまい。何事を仕掛けるにしても、それに相応しい場所、タイミングがある。それを踏み外しては労力のみ多くして成果は上がらない。状況が熟さないのに先走っては誰もついてこない。状況を味方につけることではじめて勝負できる。
二、状況を開く……状況は読むだけではダメである。時にはやみくもでもよいから思い切って一歩を踏み出さねばならぬこともある。そうすれば状況がおのずから開かれて、そこに新しい状況が生まれる。
三、気をそろえる……メンバーの気がそろわねば事は成らない。気が場を動かす。気とは場のエネルギーのことである。反対分子はどこにでも必ずいる。排除すればよいというものではない。これを体制内に取り込んだとき、場のエネルギーはむしろ高まる。
四、安心させる……やる気を振起するのはインセンティブでもなければ将来の約束でもない。誘因は考えない方がよい。うまく行かないときは信用をなくすだけである。みな後ろ向きに前進している。後を付いてきてくれているか、その安心が欲しいのである。
五、筋道を外すな……物事には筋目がある。その筋目に沿って楔《くさび》を打ち込まないと岩盤は割れない。筋目を間違えると徒労になるだけでなく、下手をするとその反発で大ケガをすることがある。
六、仕事を進めるには味方にも相手にもキーマンが要る……キーマンを外して事を進めると、時間と労力を無駄にするばかりでなく、かえって敵を増やし、摩擦や抵抗を生み出すだけである。仕事の八割はそれを見つける（養う）ことで費やされる。
七、数字にこだわらない……数値目標にこだわってはかえって事を仕損じる。数値は一人歩きし、場合によっては作為的にこしらえることもできる。結果の見映えは良くても内実が伴わないことが多い。掲げるべきはヴィジョンと理念である。その方が現場は工夫し努力する。結果はおのずからついてくる。

八、流れに沿って泳ぐ……意思決定は流れの中で、流れに沿って行うべきものである。事態は時々刻々に変化する。流れに逆らったり、流れから外れた方向に泳ごうとすれば、事態を混乱させるばかりである。流れ自体が行き着く先を教えてくれる。その中で最適適地を見つけるのが意思決定するということである。

九、組織は柔軟に……完璧に組み上げられた組織図ができ上がった瞬間から組織は衰退に向かうと考えた方がよい。組織は環境に従う。組織が環境を切り分けるのではない。組織図を作るなら、プロジェクト単位の職場配置図の方がよい。それなら、自分がいまどこにいて、誰とコラボすべきなのかが一目で分かる。組織図とは、関係存在としての自分の立ち位置を相互確認するためのナビゲーション・マップである。

十、暴走を止める……組織はときにユーフォリア的暴走をする。それをチェックできるのはトップだけである。集団催眠を解くには外から刺激を与えるしかない。内部の他者はトップだけである。トップは社員にとって異次元の存在である。社員はそれに反応しようとして待ち構えている。

十一、多様性を大事に……一致共同も大事だが、それにばかりこだわると、かえって変化に対応できないこともある。組織が物事に柔軟に対応できるには多様性が大事である。創意工夫、新機軸も単一の組織風土の中からは生まれにくい。

十二、トップは一枚岩……組織の末端ほど多様化、差異化されていてよいが、上層部ほど、特にトップ層になるほど一枚岩でなければならない。そこが一枚岩になっていればこそ、末端組織の柔軟性を確保できる。異分子がトップ層にいるはずはないが、いるならそれは即刻除かれねばならない。組織に最も害をなすのは異分子による派閥抗争である。

十三、創業精神に帰る……創業精神に帰るとは、創業者の語り遺した片言隻句などを金科玉条として御幣《ごへい》のごとく担ぎまわることではない。そうではなく、創業者ならいまのこの事態に対してどう考えどう対応したであろうかを自問することである。それが創業の魂を引き継ぐということである。

十四、技術環境に正しく棲み込む……仕事とは人と道具（技術）の組み合わせである。ここでいう道具（技術）とは、技術環境の体系的活用（他社提携も含めて）のことである。技術は日進月歩である。これまでの技術基盤の上に、現在の最先端技術を付加し、将来の技術進化の方向とそこへ至る道筋とタイムスパンを見据えて、自社が構築するべき技術体系への注視・再編成を怠らないことである。リバースエンジニアリング、知識エンジニアリング、クリティカルパス・リエンジニアリングなどがその内実をなす。

十五、出処進退……最後は出処進退の鮮やかさである。責任は、現場では実行責任であるが、トップに近づくほどそれは形式責任となる。形式責任とは、部下の失敗、組織の失敗を自分の責任として引き受けることである。たとえば先のバブル崩壊の局面での経営責任である。不良債権をこしらえた実行責任は現場にある、しかしその形式責任は国内営業総括担当役員トップにある。免責される理由もなければその余地もない。全責任を負うべきである。そのとき、彼の唯一の矜持は、自分の配下の部下社員が誰一人、責任回避の言辞を一切弄《ろう》さなかったという事実だけである。

銀行を辞した後、先に辞職していた前頭取と一緒に㈱日本総合研究所の立ち上げに参加することとなりました。ここから私の真の「仕事」が始まります。時に五八歳。そこで過ごした七年六か月は私にとって銀行生活三五年よりはるかに実り多いものとなりました。

ご参考のために、㈱日本総合研究所が「日本経営品質賞」を授賞したときの授賞報告会での『日本総研」の経営』と題した私のスピーチの概略を採録しておきます。

## 「日本総研」の経営（一九九九年二月二三日―「日本経営品質賞」受賞報告会スピーチ）

日本総研の花村であります。このように多数の皆様の前で、日本総研の経営についてお話をさせていただく機会を得ましてたいへん光栄に存じております。

昨年一二月の表彰式でのスピーチで、経営は今後「生命」に学ぶべきであるということ、「生命」

は「〝ゆらぎ〟を通しての自己組織化プロセスであるということ、自己組織化の原理は「ストレンジ・アトラクター」、「セレクター」、「ヒステリシス」の三つに要約可能であることを申し上げました。そこでは台風を例にとりながら、「ストレンジ・アトラクター」とはいわば「台風の目」つまり「動的な引き込みの中心」のことであって、組織でいえば「経営理念」あるいは「リーダーシップ」に相当すること、「セレクター」とは「台風の進路」が周囲の気象条件によって決定されていくプロセス、つまり企業でいえば「顧客・マーケット」からどう選択されるかの企業「コンピタンシー」の問題であること、「ヒステリシス」とは「台風」がこれまでたどってきた「経路依存性」のことであって、企業でいえば「組織文化」に相当することを申しあげました。これはいわば自己組織化のプロセス・ダイナミクス、つまり企業組織を動的側面からとらえたものであります。本日はそれを受けまして、企業自体をひとつの「生命体」ととらえて、その構造・機能的側面を日本総研での具体的実践事例に即して説明させていただきます。

「生命現象」の構造・機能的特性は次の三つの側面からとらえることができます。

一つは「オートポイエーシス」、つまり「自己言及的」に自己を生成するという生命特有の性質、いいかえれば「自励発展的・自己触媒的・自己参照的な自律発展」の側面。

二つは「ホメオスタシス」、つまり「恒常性維持機能」、具体的な例で申しあげれば、体温、呼吸、脈拍、血圧などがつねに一定の範囲内にあること、たとえばインフルエンザに感染して発熱するのは、発熱によって身体がインフルエンザ菌と戦っている結果であって、それによって「ホメオスタシス」に生命的なバランスを回復するという側面。

三つには「シナジェティクス」、つまり共起的な「共鳴・共振現象」、いいかえれば周囲の環境と相互作用する中で、組織自体が構造を変化させ、行動パターンを変えることで環境とともに進化していくという側面、生理学でいえば、メタボリズム、代謝機能のことですが、企業のような生命体の集合を考えるなら、ハーケンの造語である「シナジェティクス」の方が適用範囲が広いので、これを使わせていただきます。

以上の三つが「生命現象」の特徴的側面です。

日本総研ではこの三つの側面から経営をとらえることで、具体的に何をどうしたのかを以下順に説明していきます。

第一は「オートポイエーシス・マネジメント」です。いいかえれば「創発する経営」ということです。

「創発」とは「個（部分）」が変わると「全体」が変化し、「全体」が変わることで「個（部分）」が変化する、その相互作用を通して全系が進化発展をとげていくということです。「創発」とはそのような「生命」のもつ基本的特徴のことですが、いま時代はなべて「創発」の時代といってよいと思います。インターネットをはじめとするＩＣＴ（情報通信技術）の急速な進展によって「知の創発」が爆発的に起こっています。かつてもそのような「知の創発」の時代がありました。ルネサンス・宗教革命です。それをもたらすきっかけになったのは、グーテンベルグの印刷術の発明による「情報革命」でした。これによって、それまで情報を独占することで権力を保持していたローマ・カトリック教会の権威が失墜することとなり、それが宗教革命へ、やがては市民革命へとつながりました。

いま、インターネットによって当時の宗教革命に匹敵するような「革命」が「経営」の分野でも起ころうとしています。そういう意味でいまはまさに「経営革命」の時代といってよいと思います。

情報通信技術の目覚ましい発展によって、「情報」は瞬時にしてすべての「場所」へと伝わります。「情報」の独占ということはもはや不可能です。これまでの「経営」では、「情報」を質・量両面でいわば独占していたのが「経営者」であり、それが「経営者」の権力の源泉でもありました。しかしいまや良質の第一次「情報」を最も多くもっているのは、常に直にマーケットに接している「現場」です。「経営者」は高度な「情報」に接する機会はあるにしても、そのチャネルは決して多いわけではなく、その量にもおのずから限界があります。社内情報であっても、加工された第二次情報が特定のルートから上がってくるのを待つほかないという会社も結構あるのではないでしょうか。この事実はかって宗教革命で起こったのと同じ状況がいま企業の世界にも起こりかけていることを物語っています。つまり権力構造の「脱構築」です。

この「経営革命」によって何がどう変わるか、それは端的にいって、情報を握っている末端が新たに「権力」を握るということです。逆にいえば、末端つまり「個（部分）」の「創発」によってはじめて「全体」も「創発」するという、新しい経営のスタイルが生まれつつあるということです。そこでは上からの指示・命令・管理・統制といったピラミッドの高みから号令するような機械論・制度論的な手法はもはや通用しない、代わって「個（部分）」の創発的〝ゆらぎ〟を通して「全体」の秩序が自己組織的に自生してくるような生命論・生成論的な手法が強く求められるということでもあります。このことは、経営者も情報に関するかぎりは自らを進んで周縁の一部として同列に位置づけるべきだということを物語っています。情報という観点からは「経営者」も「末端」もない、すべて等価だということです。それが「情報共有」ということの真の意味です。その「情報共有」の中から新しい「経営者像」を生み出していくのがこれからの「経営革命」の眼目です。経営者自らが周縁部の〝ゆらぎ〟となって全系へと〝ゆらぎ〟を伝播させていく、そしてそれを秩序化していく、そのようなマネジメントを「オートポイエーシス・マネジメント」と呼ぶこととしています。その実践例をいくつかご紹介します。

一つ目は、社員の「事業部」への配属に当たっては、「自己申告制」と「社内公募制」を導入したということです（以下、略）。

二つ目は、処遇の基本に社員の自主的な「目標管理制度」を採り入れ、自らの「職種職能認定」も「業績成果評価」も社員各個人の「自己申告」をベースとすることとしました（以下、略）。

三つ目は、「個（部分）の創発」的な〝ゆらぎ〟が、「場」の〝ゆらぎ〟、「全体」の〝ゆらぎ〟へと効果的に伝播していくようにするため、「情報」が末端社員の間で共有され、それが自由に検索・活用され、それをもとにコラボレーションが随所で活発に行われるような体制を作りました（以下、略）。

以上の結果、組織は「開かれたネットワーク、つまり、外部に対して開放的であると同時に、内部的にも相互に開かれた緩やかな統合体」となります。「組織図」として示せば、「ルース・カップリングされたリゾーム状のネットワーク」となります。各「事業部」は業績評価の枠組みとしては機能しますが、業務遂行単位としてはあくまでも「事業部」内の各プロジェクトが基本です。しかも、各プロジェクトは「事業部」をまたがるアドホックな「知のコラボレーション」協働体（態）です。各プロジェクトの運営責任は各プロジェクト・マネジャーが負います。

第二の「ホメオスタシス・マネジメント」について申し上げます。これは一切計らうことをしないで「恒常性」を維持し、「構造安定性」を保持するマネジメントという意味で、「計らいのゼロ」、つまり「零度のマネジメント」と呼んでいます。「見えざる手」による「マネジメント」といってもよいでしょう。

これは、組織が周囲の「環境〝ゆらぎ〟」と同調して、つねに自己を最適適合状態に保持するよう、自らの「構造」を不断に組み替えていく弾力性を組織にもたせようということです。「非平衡複雑系」に特有の「カオス的秩序」が常態の組織ということです。そのため管理・統制・指示・命令、あるいは抑制・禁止・拘束・処罰などの「機械論的」・「設計主義的」な「制度装置」は極力排除し、それに代えて、「委ね・促し・気づかせ・分からせ」などの「生命論的」な「自律規範」をすべての基礎に置くようにします（以下、略）。

第三は、「シナジェティクス・マネジメント」についてです。「個（部分）」・「場所」が共鳴・共振するなかで、「全体」が相転移的に構造進化していくのが「生命」の特徴ですから、全社コラボレーションの支援体制を構築することで、顧客を巻き込んだ「価値共創の連鎖」をどう生成するかがこれからの課題です（以下、略）。

経営はそれ自体が一つの「作品」であります。しかも、社員、顧客、株主その他すべてのステークホルダーと共創する「作品」です。したがって「経営品質」とは商品やサービスに関する「顧客満足度」の単なる集計ではありません。まして商品やサービスの「算出プロセス」を効率化することにとどまりません。「作品」としての「経営そのもののトータルな品質」の「創造」のことです。そこでの「作品」の出来の良し悪しは顧客・市場、最終的には消費者、さらには従業員、多くのステークホルダーの間で、どれだけ有効な「付加知価連鎖」を「共創」し得ているかにかかっています。それは最終的には、「顧客に信頼され」「市場に信認され」「社会から尊敬され」「従業員から選択され」「従業員の家族から誇りに思われる」経営ということになります。そのような「経営」を実現するために、社員一人ひとりがどうあらねばならないかを、全員がそれぞれの部署で不断に自問し続けること、その自問が共鳴・共振し合っていく中で社員共通の「倫理・道徳」、「組織文化」が共有されるようになっていくこと、つまり、そのような「作品」としての「経営」の全社員による「制作プロセス」そのものが、われわれが目指す究極の「経営品質」活動だということであります。

当然のことながら、そこで生成された「付加知価成果」はその制作活動に携わったすべての「関与者」の間で適正にシェアされねばなりません。顧客・従業員・株主はもちろん、「知価資源」の供給元である「会社」それ自身へも適正な「配当」がなされる必要があります。その諸「配当」間の配分原理は、すべての「関与者」が納得するようなシナジェティックな調和のとれた透明性の高いものでなければなりません。そういう意味で「経営品質」活動とは、「経営活動」全般に公正性・透明性を浸透させることで、すべてのステークホルダーを巻き込んだ「付加知価共創の無限連鎖」をシナジェティックに再生産していく不断のプロセスだと定義し直すこともできます。これがわれわれの「経営品質」活動のエッセンスであります。

以上で私の報告は終わりますが、最後に私が目下追求しているテーマについて一言付言させていただきます。それは「人間志向経営」ということです。「経営」が目指すべき目標は「人間」でなければならないということです。

これまでの「経営論」では、企業という「場」で機能する「個」を、もっぱらその機能的側面から取り扱ってきましたが、これからはむしろ逆に人格的「個人」を中核に据えて、その「個人」が企業という場でいかに「機能」するかを見究めていく立場が求められるのではないかということです。これは人間という存在を至高至上の価値として、自然環境や他の生物種はすべて人間に従属すべきものとするような「人間至上主義」でもなければ、社員を全人格的に企業に一体的に統合しようというものでもありません。そうではなくて、全人格的な固有名詞としての「個人」と、企業という場で機能的に一つの役割を演じる「個」と、この十全には調停されることのない「個人」と「個」、両者の葛藤の現場こそが企業という「場所」なのだという現実をしっかり見据えて、今後はその「場所」のあり方を根底的に問い直すことが大きな経営課題になるだろうということです。これは人間を決して手段視することのない「経営」、すなわち人を単なる手段としてしかとらえない「経営」から脱却し、人間存在そのもののありようを根元的に問い直さないかぎり二十一世紀の「経営」はもたないだろうということです。いいかえれば、人間一人ひとりが「価値ある仕事」を生成する有力な「機能環」でありつつ、「価値ある生活」「価値ある人生」を実現する全人格的「現存在」でもあるという現実に立脚する「経営」、企業という場でその両者を、西田幾多郎の言葉でいえば「絶対矛盾的自己同一」のまま包み込む「経営」のあり方を問うのがこれからの「経営」の課題となるだろうということです。これは多分永遠に答えのない問いでしょうが、われわれの追求する「経営品質」が、単にプロセス・イノベーションや経営効率向上という次元に矮小化されることがないようにするためには、われわれはつねにこのことを「問い」続けねばなりません。Ｈｏｗではなく、Ｗｈａｔ、Ｗｈｙ、Ｗｈｏを問う「経営」、プロセスだけでなくデザインをも問う「経営」、それが課題だということです。誤解のないように申し添えますが、これは決してプロセスを軽視することでも、Ｈｏｗを蔑《ないがし》ろにすることでもありません。それはそれでしっかりと「ベンチマーク」し、「ベスト・プラクティス」に学ぶべきはいうまでもありません。

時間がまいりました。これで終わります。ご清聴ありがとうございました。

## 5　パラダイム・シフト

㈱日本総研の会長を平成一一年六月に辞して後、三年半ほどボランティア活動などを手伝っていましたが、いまから思えば、このボランティア活動を行っていた三年半が私のサラリーマン生活に転機を画する貴重な時期となりました。

転機を画するとは、私の企業経営に対する見方が、それまでの「機械論パラダイム」から「生命論パラダイム」へパラダイム・シフトしたことです。機械論パラダイムでは、簡単にいってしまえば、「全体は部分からなる。部分を組み合わせればもとの全体が回復する」という要素還元主義に立脚するのに対して、生命論パラダイムでは、「全体は部分の総和以上のものであり、部分は全体を含み、両者は相互生成し合うプロセスとして総体的に把握するしかない」とします。

企業経営に当てはめるなら、日常的に反復される線形的処理が可能な局所的場面（ここでは機械論パラダイムが有効に機能します）が積み重ねられ相互作用する中から、複雑系としての経営組織が創発的に生成されるという事実からしても当然のことながら、大局的に見て生命体である経営組織では「生命論パラダイム」こそが相応しいということを示唆します。これは仕事の進め方、組み立て方にも新たな視点を提供します。これまでの「機械論パラダイム」と対比して表示すれば次頁のようになります。

機械論パラダイムでは、開発・成長が至上命題です。そのことに誰も疑いの目を向けません。あたかも地球の資源や環境許容量に何の制限もないかのごとくです。生命論パラダイムでは、その考えにブレーキがかけられます。持続可能性の方に重心が移されます。サステナビリティが真剣に論議されることとなります。仕事の進め方においても、「押せ押せどんどん」のやり方に、「ちょっと待て」の

| 機械論パラダイム | 生命論パラダイム |
| --- | --- |
| 成長至上主義 | 持続可能主義<br>（サスティナビリティ） |
| 自己利益至上主義 | 奉仕・自己犠牲主義<br>（ボランティア精神） |
| 交換経済<br>定量的把握・効率 | 贈与経済<br>定性的把握・バランス感覚 |
| 支配・統制<br>キュア主体 | 信頼・理解<br>ケア主体 |

反省的態度が加わります。

機械論パラダイムでは自己利益追求が至上命題となります。利己主義が当たり前とされます。これに対し、生命論パラダイムでは、奉仕や自己犠牲の方が尊ばれます。仕事の面でもボランティア精神が行きわたることとなります。

機械論パラダイムでは交換経済が市場全体に浸透します。市場主義経済原理が支配します。生命論パラダイムでは、これに対して贈与経済原理が改めて見直されるようになります。すべてを定量的に把握し、量的な効率化を目指すパラダイムから、定性的な把握とそれによる自足に重きを置くパラダイムへのシフトです。仕事の面でも、ムダの効用が改めて見直されることとなります。

機械論パラダイムでは支配や統制が当たり前とされます。事態は制御されるべきものとされます。これに対し、生命論パラダイムでは信頼や理解が主流となります。いま盛んな〈キュアからケアへ〉の論議もこのパラダイムシフトの一環です。仕事の面でも、権力行使より思いやりが重視されるようになります。

パラダイムシフトと申し上げましたが、これは新たに「生命論パラダイム」が登場してきたということではありません。「生命論パラダイム」は昔から、むしろ「機械論パラダイム」に先んじてあったものです。産業革命以降の資本主義経済になってから、あるいはそれと平仄《ひょうそく》を合わせる形で登場してきたのが機械論パラダイムであって、それ以前は生命論パラダイムの方がもっぱらだったのです。時代とともに生命論パラダイムの領域を徐々に機械論パラダイムが覆っていったというのが実際です。それがいま、市場主義経済の行き過ぎの反省から、改めて「生命論パラダイム」に脚光が当てられているのです。

仕事全般の進め方にも、このパラダイムシフトの影響はいろいろの形で出ています。たとえば、職務分掌・職責権限などで組織体制を組み上げる旧来の方式から、コミュニケーションやコラボレーションを主体に組織編成を考える方式への移行です。単品種・単線型生産ラインから、多品種・複線型生産ラインへの移行もその一環です。仕事を機械的・機能的に分断し、分類し、再配置する仕方から、情動・感性・イメージなどによって場をトータルにとらえて、それを組織横断的なプロジェクトチームにアドホックに編成するなどのやり方もそうです。

あるいは業績成果至上主義のマネジメントから、コンプライアンス、ビジネスエシックス、コーポレートガバナンスやリスクマネジメント重視の経営への移行もパラダイムシフトの一環です。業務推進部門や商品開発部門が経営を主導する体制から、企画推進部門やマーケティング部門、広報戦略部門が重きをなす体制への移行もそれに含まれます。いま提唱されているワークライフバランス、あるいは女性管理職登用、労働市場の流動化、ソーシャルビジネス分野における起業家支援などもその一環と見てよいでしょう。

仕事の局面だけでなく生活の局面でも、パラダイムシフトはあちこちで起こっています。たとえば、施設介護・看護から在宅の地域包括ケアへの移行、医療機関中心から患者中心への医療体制シフトなどがそれです。

念のためあえて付言しますが、パラダイムシフトといっても「機械論パラダイム」を経営のあらゆる面から排除して、これをすべて「生命論パラダイム」に置き換えようということではありません。「機械論パラダイム」が有効に通用する局面、むしろそれによってこそ複雑事象を整序することが可能になるという局面も現に多々あります。いわんとするのは、それはそれとして機能させながら、全領域的局面では「生命論パラダイム」の視点が、いまや欠かせなくなってきているという事実をしっかりと見据えようということです。

# III　「生きる」とは

## 1　魂の自由を生きる

社員は魂までも会社に売り渡してはいません。いや、決して売り渡してはなりません。社員は記号であってもよい、記号に徹する生き方もあってよい、しかしどういう事態であれ、社員はいつも・すでに「魂のフリーター」でこそあるべきです。

人間は多様な可能性に開かれた存在としてこの世に生を受けます。長じるにつれてその可能性の幅は表面的には狭められていきます。あれもあり得る、これもあり得るという現実的選択肢は一つずつ消去されていき、あれもしたい、これもしたいという内面的欲求も一つずつあきらめていかざるを得なくなるのが人生です。そういう意味では、過去を埋め、いまを確かめることで、辛うじて未来への一歩を踏み出すことができるのが人生です。

しかし、そこには一本の確かな道が通っていることも事実です。その道しかないのなら、いや事実その道しか進むべき道はないのですから、ならばその道で遭遇する事柄に心を通わせ、道すがら聞こえてくる物音に耳を傾け、そうすることで自らの生きる意味を自分で深めていくしかない。いいかえれば、〈自己の根元〉へ向けて自らの人生を掘り深めていくしかないということです。

〈自己の根元〉とは何か、これだけは絶対に譲れない最後の一線、最終戦線、それが「魂の自由」です。では、「自由」とは何か、自分に課された諸々の制約や限界を、自身のために自ら覚悟をもって引き受け自分の意志で選択すること、それが「自由」ということです。

では、「魂」とは何か。人間をはじめ森羅万象すべて宇宙摂理の内にあります。それを外れて存在するものはこの世に何一つありません。宇宙摂理は宇宙生命の根元的営みであり、宇宙生命エネルギーのこの世への顕現です。われわれ一人ひとりの〝いのち〟も、その宇宙生命のハタラキの分有体です。その〝いのち〟のハタラキのことを「タマシイ」と呼びます。

では「魂の自由」とは何か、自分の〝いのち〟のハタラキを通して宇宙生命のハタラキを、同時に宇宙生命のハタラキに援けられて自分の〝いのち〟のハタラキを、ともに十全ならしめることです。宇宙生命のハタラキと自分の〝いのち〟のハタラキは一つです。宇宙摂理（宇宙の魂）に従って生きること、その中にこそ人間の真の自由がある、その自覚、覚悟をもって、そのような生き方を引き受けることがすなわち「魂の自由」です。

「魂のフリーター（自由人）」として生きるとは、つまり、魂を売り渡さないとは具体的にどういうことか、身は鴻毛の軽さであっても宇宙生命の分有体である自分の〝いのち〟は宇宙生命ほどに重いことを自覚し、それを自らのハタラキをもって示すことです。そのハタラキこそが「魂のフリーター」として「働く」ということです。

経営は人間力が渦巻く集団現象であるばかりでなく、計算合理性がもっぱら支配する価値（意味）生産現場でもあります。そして、生産される価値（意味）の源泉は、かつてのモノから、いまはおカネへ、やがてそれが「知識・情報」へと移ってきています。いまや、「知識・情報」（それを加工・活用する「メタ知識・情報」）が価値の源泉となりそれ自身が価値（意味）そのものとなってきています。そういうなかで「魂のフリーター」はどう生きていくか、知のマルチチュード〈その他大勢〉の大衆）へと頽落することなく「知のノマド（遊牧民＝遊動者）」として生きる矜持を失わないことです。

モノ・カネの生産・流通・販売・消費は歴史が繰り返してきたようにバブル現象を生みます。モノ・カネともに、予見と計画という人為的な操作ないしは思惑の上に成り立っている言説の世界（経済）だからです。人為・思惑には節度がなければなりませんが、しかし、いつかそれはその節度（限界）を超えて自己増殖していきます。バブルは必ずはじけます。それに対して「知識・情報」は同じく自己増殖しても、それ自体としては無限増殖が可能です。「知識・情報」を産み出す、あるいは制御する「メタ知識・情報」は人知の世界をますます厖大・精緻にしていきます。「知のノマド」の活躍の舞台はどこにも制約はありません。「知の宇宙」へとますます広がります。

では、その活躍・活動が拠って立つ基盤には何の制約条件もないのでしょうか。「倫理・道徳」的基盤がそれです。ではそれをどこに求めるか、この点についてカントの実践理性の要請、「自分の意志の格率が普遍的なそれになるように行為せよ」をあえてもち出すまでもないでしょう。「働く」という自身の格率が、「普遍的なそれ」、つまりあるべき「会社の働き」と合致することを願って働くだけです。あとは、会社が「普遍的なそれ」にどれほど近接し得ているかどうかです。

ただ、はっきりいえることがあります。その会社が掲げる、ないしは現に追求している価値が、自身の信ずる「価値」に合致しないと思うならそんな会社は即刻辞めればよい、それだけのことです。「魂のフリーター」にして「知のノマド」、それこそが「卓越者」という生き方です。「卓越者」は会社を超えています。一つの会社に限ることはありません、どこへでも新天地を開くことができます。

## 2 「美」を生きる

人は会社では〈機能的役割存在〉として生き、個人としては家庭や地域社会で〈個人人格存在〉として生きます。その間には矛盾・葛藤がありますが、人はそれを何とか調停しながら生きています。「調停」は、〈機能的役割存在〉と〈個人的人格存在〉との間で相互に交わされる「お前は美しいか」の問いかけ合いによるしかありません。

〈美しいかどうか〉の規準には、自らの〈審美的感性〉しかありません。自己内対話を通して、人は自己の日常的な身体振る舞いや言語表現を自己言及的（認知フィードバック的、自己再帰的）に自己チェックしながら、自己をより美しい存在たらしめるべく努めます。

それは、一切の対価を求めない純粋贈与、そして多分その行き着く究極は「自己犠牲」の〈崇高美〉でありましょうが、ここではそこまでは言及しません。取り上げるのはもう少し日常性に即した〈美しさ〉の範疇です。たとえば、身体振る舞いの〈美しさ〉などです。これには服装（ファッション・服飾を含む）、スタイリング（身のこなし・所作・作法を含む）、美容・化粧などが含まれます。言語表現にも会話の巧拙、趣味（絵画・音楽など）の豊かさ、一般教養の深さなども含まれてきます

（他者の反応も検証しながらではありますが）。人は自己に内部化された仮想の目を意識しながらそれらを日常的に、トータルに自己演出しています。それによって、自らも表現の多様性、意味の多義性、解釈の多重性、着想の連想性などを学習し、それを楽しみます。

この一連の日常プロセスで大事なポイントは自己内対話、自己言及的（認知フィードバック的、自己再帰的）自己チェックという最高難度の知的・審美的営みです。これによって、人は自己への理解をいちだんと深め、人格をさらに磨き、社会にうまく対処する方術を学び、自らの機能的有用性をいっそう高めていきます。それは、われわれの生活を末端まで貫いているコトバによる意味分節作用の根底で働いている身体知・暗黙知の存在喚起力への還帰でもあります。この還帰作用によって、人は根源的に自己を生き直し、つど新しい自己を発見し、自己をより十全な形で表現（演出）できるようになります。そして、そこから〈審美的感性〉が育ちます。

自己内対話を通しての自己発見、それは同時に深層の自己の発見です。新たな知覚経験による新たな自己の創造です。それによって、人は社会認知能力を涵養し、自己調整力を身につけ、互いに自他間でコミュニオン（交感）の場を開き、それによってコミュニケーション力を蓄えていきます。

この一連の身体の審美的訓練を通して、人は心の奥に抑圧された欲望を解放し、ふたたび日常の生活次元（ノモス）へと活き活きと立ち戻ることができるようになります。つれて、硬直化しがちな制度規範に豊かな内実（コスモス）を取り戻すことが可能になります。このカオス・ノモス・コスモス・カオスの間の往復循環のなかで、人は内面劇という意識の流れを取り戻し、カタルシスを体験するのです（『丸山圭三郎著作集　第一巻～第五巻』丸山圭三郎〈岩波書店〉を参照）。

人は深層における生の独自な体験（カオス）を生きているにも関わらず、制度の網に絡め取られて均質化された生き方（ノモス）を強いられています。その現実から脱出すべく自らの独自の体験を際立たせようとしてさまざまに自己演技を行います。そのなかで〈生の体験〉を活き活きと生きるための手法、生の新たな可能性への挑戦、無意識の解放、創造の喜び、豊かな意味発生の可能性の開け、文化創造の根源への立ち帰り（コスモス）などを体験します。

要するに、人は「それは美しいか」を自問することで宇宙エネルギーに淵源する生命流動体と一体化して、その流れに身を委ね、そこで自らの美的生活を演じるのです。演技には修養・修練によって獲得した「かた」があります。〈美しく生きる〉とは、その「かた」をもって生命流動体を捕捉することです。

人間が〈美しく生きる〉うえで大事なことは、繰り返しますがそこに〈美しい生の形〉があることです。生に美しい理路が通っていることです。そこから了解・納得・調和の安らぎが生まれます。そこにこそ美的生活の真実があります。「卓越者」とは〈審美的感性〉をもってその美しい生の真実を生きる者のことをいいます。

## 3　統合的自己を生きる

〈魂の自由を生きる〉にせよ、〈身体美を生きる〉にせよ、その中心には「自己」があります。「強い

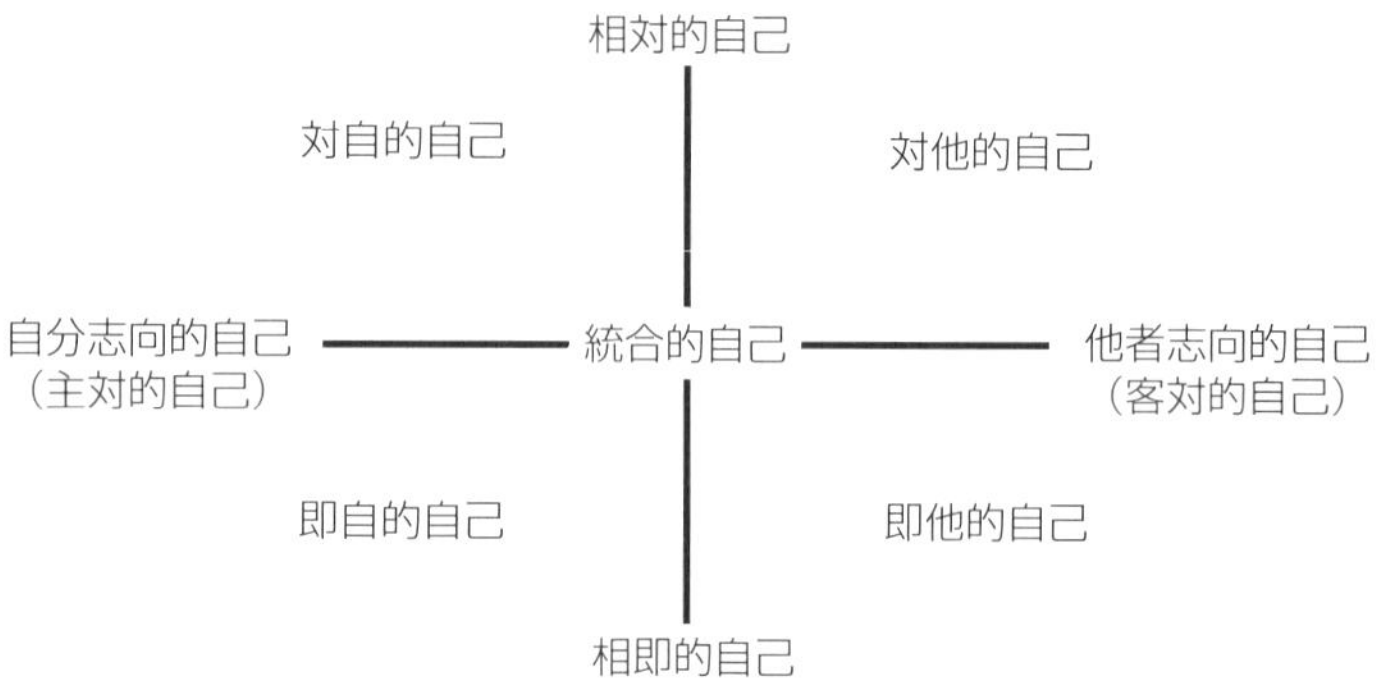


図12

自己」については〈図8〉で示しました。ここではそれを下敷きにしてもう少し「自己」のあり様について考えます。〈図12〉を見てください（本図は〈図4〉の再録です）。

中心には統合的自己が配されています。自分志向的自己（主対的自己）と他者志向的自己（客対的自己）とが統合された自己です。それは同時に、相対的自己と相即的自己の統合でもあります。

自分志向的自己（主対的自己）とは、志向対象がつねに自分であるような自己、すなわち、自分が状況にアブダクトすべき存在であることを自覚し、状況の中での自分の立ち位置をつねに模索し確認しながら生きている自己です。

他者志向的自己とは志向対象がつねに他者であるような自己、すなわち、他者との関係構成に腐心しつつ、自分がアフォードされている他者状況を、目配りよく顧慮する自己です。

相対的自己とは自己を他者の視点から客観的に眺める自

己であり、相即的自己とは自己の置かれた立場に自足し、そこから自己のあり様を自己点検している自己です。

以下少し補足します。

即自的自己とは、自己に即して、ということは状況開鑿存在である自己の自覚はもちながら（状況に振り回されることなく、右顧左眄することなく）自己に向き合う自己です。自分志向的にして相即的自己です。

対自的自己とは、状況のなかの自己の立ち位置を弁《わきま》え知って、自己の振る舞い方や生きる構えをつねに構成・再構成している自己です。自分志向的にして相対的自己です。

対他的自己とは、他者を客観的に眺める視点から他者との距離感を適正に測ることで場における最適振る舞いができている自己です。他者志向的にして相対的自己です。

即他的自己とは、他者と自己同一化することなく、つねに他者を気遣いながら他者にとって有用な存在であるべく自己を他者へと差し出す自己です。他者志向的にして相即的自己です。

即自的自己と対自的自己との間で自分志向的自己（主対的自己）が形成され、対自的自己と対他的自己との間で相対的自己が形成され、対他的自己と即他的自己との間で他者志向的自己（客対的自己）が形成され、即他的自己と即自的自己の間で相即的自己が形成されます。そして、これらの多様な「自己」を相互生成し合うなかで、人は自身の「統合的自己」なる存在を何とか育んでいきます。「相互生成し合う」とは次のようなことです。「統合的自己」は〈図12〉に示す諸々の自己に分割可能なのでもなければ、それらの単なる総合でもありません。人はまず全人格的存在として（自己が抱える矛盾葛藤をなんとか自己調停できる存在たらんとして）生きようと念じつつ人生の各局面に処していきます。その過程で人は多様な「自己」のあり様をあれこれ使い分けたり、編集し直したり、複合的に演出したりします。その努力のなかから「統合的自己」なる存在が育まれていくのです。そうやって生成される「統合的自己」の存在様態のことを本書では〈アテンダンス〉と呼んできました。〈生きる構え、居住まい、覚悟を伴った生き様〉など、「その人らしさを生きる」ことです。

では、そのような「統合的自己」なる存在は、他からの一切の支えなしに自立（律）自存し得るでしょうか。暗黙次元（宇宙生命エネルギー）から生きる活力を備給されているにしても現実世界を生きていくのにそれだけで〈十分〉でしょうか。そこには「このためにこそ自己はある」と確信できるような何かが〈必要〉なのではないでしょうか。求められるのはその〈必要にして十分〉な条件とは何かです。

自分が「宇宙生命のこの世への分有的顕現存在」であるという認識が、自分こそが「宇宙生命からのハタラキを受けている存在」であるという自覚へと高められ、それがさらに「宇宙生命のハタラキを扶翼することが自分の使命」という覚悟へと超出できたとき人はそこに何かの「啓示」を受けるのではないでしょうか。〈必要にして十分〉な条件とはその〈認識・自覚・覚悟〉の果てに感得されるであろう「啓示」のことです。「宇宙生命」とあるところを「霊性」「霊魂」「たましい」「モノ」などと呼び変えても構いません。必ずしもそこに信仰や宗教をもち出す必要はありません。ソ

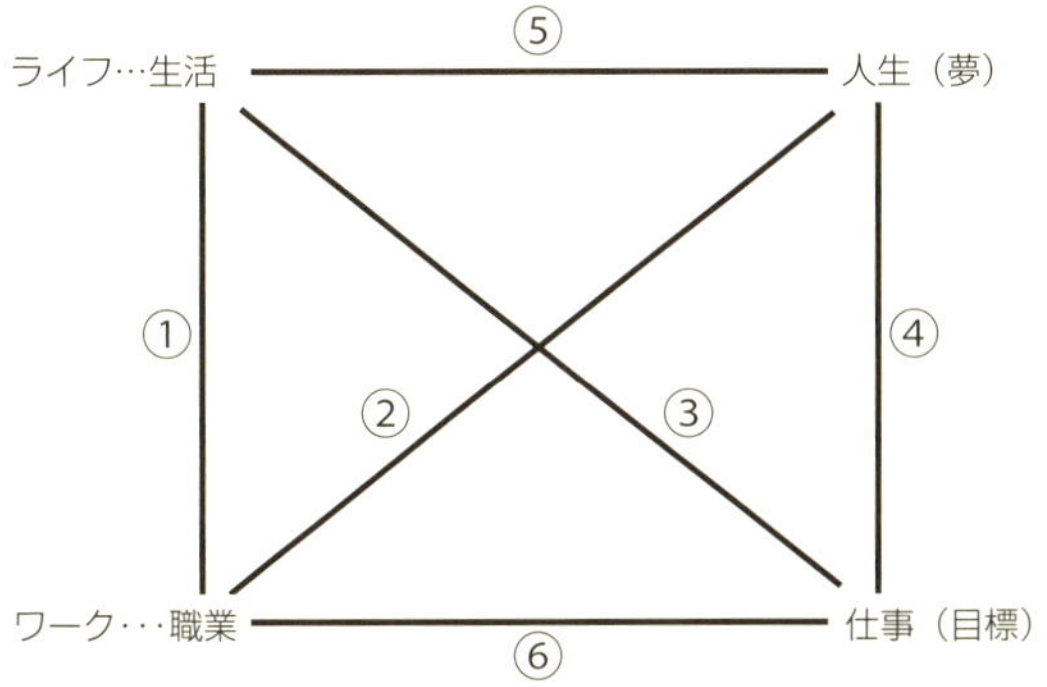


図13

クラテスの「デーモン」でも、ニーチェの「力」でも、鈴木大拙の霊的覚醒でもよいでしょう、それは各人が自分で覚《さと》るしかありません（この点については、『霊性の哲学』若松英輔〈角川選書〉を参照）。本書ではそのような「統合的自己」のことを「卓越者」と呼びます。

## 4 ワーク・ライフ・バランスを生きる

ライフには日常を構成する「生活」（職場生活と家庭生活をともに含めて考えます）と、一生をカバーする「人生」とがあります。

ワークには「生活」のための「職業」と、「人生」の目標ともなる「仕（為）事」とがあります。

その間をバランスさせるには〈図13〉の①〜⑥の局面があります。ワーク・ライフ・バランスとは、この①〜⑥の局面をどうバランスさせるかの工夫・努力をいいます。単に「生活」と「職業」（①の局面）をバランスさせることだけが問題なのではありません。

以下、順にみていきます。

①「職業と生活」においてワークとライフの間をどうバランスさせるか。

普通われわれはワーク・ライフ・バランスという言葉を職業（職場）と生活（家庭）をどう両立させるかの意味で使っています。この問題だけでもかなりの広がりをもっています。職場で機能的役割を担う「職業」人としての働き方と、職場や家庭での「生活」者としての生き方との間にはさまざまな矛盾葛藤があります。たとえば、職業（働くこと）に入れ込み過ぎて生活（家庭）をかえりみないのも、生活（家庭）にかまけすぎて職業（働くこと）に身が入らないのもどちらも問題です。物理的な時間配分の面でも、心情的な配意の面でも、その「間」を苦労しながらも何とか巧みに調停しながら人は生きていかねばなりません。その調停に失敗すると生活（家庭）が崩壊するか、それを避けるには職業（働くこと）を再編（最終的には転退職）せねばなりません。多くの人はその一歩手前で踏みとどまります。また、職場の人間関係とそこでの自分の機能的役割との間にも調停を要するさまざまな葛藤があります。生活の場でも人それぞれに固有の葛藤を抱えています。会社の方でもそれらの調停が可能なようにある程度は手立て（手援け）を講じはしますが、基本的には当人の知恵と才覚の問題です。

②「職業と人生」においてワークとライフをどうバランスさせるか。

人の職業選択においては、天職意識をもって職業人生を全うできる一部の芸術家など恵まれた特異なケースを除いて、大方の人にとってその選択に必然的根拠はほとんどないのが普通です。いま自分が従事している職業が果たして自分の人生（想い描く夢）にとって適切な選択であったといえるかどうか、人は確信をもてないまま一種の諦念をもってその現実を受け入れ生きています。そして、人生の終末において「わが職業人生に悔いなし」と自分に言い聞かせることで、辛うじてアイデンティティの崩壊を免れます。そうであるなら、人の生き方としてははじめからその諦念を覚悟を決めて引き受けるしかありません。

③「仕（為）事と生活」においてワークとライフをどうバランスさせるか。

人はみな大なり小なり自分の生活目標をいだいて生きています。その目標は実現することはないにしても自分の生活を何とかそれに近づけようと努力しながら生きています。ここでいう「仕事」とは、その目標のことです。生涯を懸けてその達成を目指す「仕事」があるなら、それはその人にとって目標でありましょうが、それは必ずしも生涯を一貫する目標でなくてもよい、年齢に応じてあるいは経験を重ねるにつれて変化しても構わない、職業とはまったく無関係であってよいし、一部それと重なっていてもよい、しかし、理想的にはこの両者が齟齬なくピッタリと重なっているのが望ましい、人はそう願って働き、かつ生きています。

④「仕（為）事と人生」においてワークとライフをどうバランスさせるか。

自分が想い描く人生の夢と、現にしている「仕事」とは本来的には重なるはずです。しかし、①の職業と生活の間が矛盾葛藤を含むように、仕事（目標）と人生（夢）の間にも当然のことながら矛盾葛藤があります。かないそうもない夢を描いても実現すべくもありませんし、あまりに小さな夢しかもたない人間にろくな仕事ができるはずもありません。どちらかに偏りすぎることなくその中間でバランスを取らねばなりません。大方の人間は身の丈に合ったほどほどのところを目標に、自分相応の夢を紡ぎながら生きています。そして、何とかしてその〈身の丈〉〈自分相応〉をより高いレベルへと引き上げようと努力します。

⑤「人生と生活」においてワークとライフをどうバランスさせるか。

人生の夢と現実の生活とが合致しないのはむしろ普通のことです。合致を目指して双方を近づけていくしかありません。現実の生活を客観的に見据えながら、そのなかで実現可能な夢を紡ぐのが、あるいは、人生の夢に合わせて現実の生活をさまざまに設計し、再設計するのが人間です。夢は大きすぎても小さすぎてもいけません。生活は状況に応じて柔軟に組み替えられねばなりません。

⑥「仕事と職業」においてワークとライフをどうバランスさせるか。

仕事と職業の間の矛盾葛藤に苦しむのは普通のことです。一部の芸実家や教育者のように仕事と職業とがピッタリ重なる希有のケースを除けば、大方の人間は職業生活を永年にわたって積み重ねた結果として、その晩年になってやっと〈これが自分のライフワークであったか〉と悟るのです。不可能なことが分かっている〈仕事と職業の合致〉をはじめから目指すのではなく、その矛盾葛藤の中に正しく住み込んで両者の相互生成的な統合を目指すことこそがむしろ人間らしい生き方です。

要するに、ワーク・ライフ・バランスとは上記①〜⑥の調停を生涯にわたって総合的に達成することです。ワーク・ライフ・バランスの狙いは、職業と仕事のできるかぎりの合致⑥を目指し、そこに人生の夢を載せ④、その夢の中で日々の生活をより豊かなものにしていくこと⑤にこそあります。会社が関与し得るのは、そして、会社がなさねばならないのは、会社が提供する職業（機能的役割）がその個人の人生（夢）に値するものであるように②、個人の知恵・才覚の十全な発揮を仕事と生活（職場と家庭）における日々の充実にどう結びつけるか③、そしてそこに豊かな職業―生活の場をどう開くか①の問題です

## 5 家族・家庭・地域を生きる

職業であれ仕事であれ、どのていどそれを達成しようともその価値は相対的でしかありません。すべての人に共通の絶対的価値としては究極のところ家族・家庭しかありません。

家族は血縁で結ばれていようと、法的な縁組で結ばれていようと、それを成り立たせている基本は人間の〈絆〉です。〈絆〉は固定的な関係ではありません。生きてハタラク脈動です。

家庭は、家族を基本構造として、その上で展開される生活の〈場〉です。〈場〉であるかぎりは四囲の環境条件への〈開かれ〉がその特徴です。これもまたつねに脈動している動的な〈場〉です。地域とは、それぞれの〈家庭〉が棲み込んでいる〈環境〉です。〈環境〉はその構成員が相互作用する中で生成される動いてやまない〈システム〉です。社会環境がその〈システム〉の主たる構成要素ですが自然環境もその〈システム〉に組み込まれてその重要な一部をなします。

人はこの相互作用しつつ脈動する〈家族・家庭・地域・環境〉をさまざまに編集しながら、それぞれ自分の周りに独自の生活圏を構築して生きています。生活圏は時々刻々に組み替えられていきます。つれて、人は自分自身を自己変容させながら、同時に〈家族・家庭・地域・環境〉とその相関を変化させます。すべては相互生成の生命的過程です。

変化してやまない生成プロセスが、それでも社会の基本構造として機能しているということは、そこに幾つかの別の論理が横糸に対する経糸《たていと》のごとく、互いに対立することなくそこに織りなされているからです。①男女の性差論理、②子どもの保育・育児論理、③成人・老人の生活者論理、④要看（介）護者・看（介）護者のケア論理、⑤終末の論理などがそれです。以下、順に見ていきます。

① 男女の性差論理……ここでいうのは、ジェンダー論が暴く人為的に創られた社会学的性差ではなく、生物学的・生理学的性差です。時代に関わらずそこに一貫するのは、それぞれの特性を生かした共同システムの組成です。そしていま、その共同システムは大きく変化しようとしています。女性性原理による男性性原理の脱構築という歴史的パラダイム転換です。この点については別の本（『働く女性のための〈リーダーシップ〉講義』、『女性管理職のための〈リーダーシップ〉セミナーQ&A』）で詳述したので省略します。

② 子どもの保育・育児論理……子どもをいかに産み育てるかですが、少子化時代を迎えてこれもいま大きな歴史的転換期を迎えています。子ども問題は、いまや私事ではなく国家プロジェクトです。全体社会システムをどう組み替えるか、それには局外者は誰一人いません。あらゆる知恵

を出して多種多様な保育・育児に関わる支援措置を講じ、それをもって関係するすべてのステークホルダーが多彩にして適切な条件整備を行うことです。

③ 成人・老人の生活者論理……超高齢化社会では、成人と老人を分かつ意味がなくなっていきます。大くくりして健常者と病者がいるだけです。健常者は年齢に関係なく、どんな形であれ社会活動に参画すべきです。国・地域・企業・NPOあらゆるレベルで参画のための機会と場を開発すべきです。そこでは金銭的対価は必ずしも必要としません。仕事の報酬は仕事です。行き過ぎた交換経済を原初の贈与経済に幾分かでも取り戻すことです。そのための人的資源はいくらも遊休しています。

④ 要看（介）護者・看（介）護者のケア論理……健常者（成人・老人を問わず）以外の病者・弱者がこの範疇に入ります。障害をもつ子どももここに加えられます。いま高齢者医療が問題にされていますが医療費・介護費は老若を問わず国民共通の問題です。それには健康科学がもっと普遍化しなければなりません。「美しく生きる」こととのセットで、いま健康美学が脚光を浴びようとしています。医療費・介護費を抑えるには健常者がよりいっそう勁《つよ》く、より長く健常性を保持することが重要です。その上で要介護者・要看護者への行き届いた対応が図られるべきです。これからは衆議の赴くところすでに明らかなように在宅介護・看護が基本です。そのためには地域包括ケアシステムの早急な構築が待たれます。大事なのは介護・看護のケアマネジャー、コーディネーター、プランナー、サービサーの育成です。業界・業種を越えて早急に国家プロジェク

トが立ちあげられるべきです。

⑤ 終末の論理……人はみな死にます。高齢者時代ではその数は年々増え続けるにも関わらず、葬儀をどうするか、墳墓をどうするか、というふうに問題は矮小化され、あるいは看過され封印されたままです。問題はむしろ生者の側にあります。自分の死（ということは自分の人生の終末）をどう受けとめどう対処するかです。自分らしい個性的な人生をどう演出するかです。在宅死か病院死か、延命措置を講じるのか、自然死を選ぶのかの選択も含まれます。そこには信仰、宗教の問題も深く絡んできます。いま求められているのはそれらを総合した「死生学」です。欧米に比べてわが国はその面では著しく立ち遅れています。

これらは、いずれも〈家族・家庭〉のこれからのあり方に関わります。そして、その担い手になるのは多くの場合女性です。現代の〈良妻賢母〉論はいかにあるべきかの問いでもあります。（この点については、《補論》現代の「良妻賢母」を参照）。

環境との共生という点で付言しておきます。環境には自然環境と社会環境とがあります。まず、自然環境の破壊の問題です。それには大くくりして、①地震津波などの自然災害に起因するもの、②人為的な失敗に起因するもの（原子力発電事故などが典型）、③一般的な経済開発・成長に起因するもの、の三つがあります。①と②はおくとして、問題は③です。そのうち最も喫緊を要するものの一つが、過疎地での山林・里山崩壊や全国各地で起こっている耕作放棄地などの問題です。過疎地では積年の林業行政の失敗から生態系のバランスが崩されて、猿害や猪害などが各地で頻発しています。これらの国土破壊問題に対して採るべき対応としては、たとえば〈国土保全青年隊〉（自衛隊の災害派遣とは別に）のごときものを国家機関として設置して国土保全作戦を国家戦略に格上げして展開することです。

社会環境の破壊という問題もあります。それにはさまざま様態がありますが、いま早急に対応を迫られているのがＩＣＴ環境の進化に人類の英知が追い付いていないことに起因する社会問題です。対応策ははっきりしていません。ＩＣＴの進化はさらに際限なく進展していきます。それは止めるべくもありませんし、また止めてもなりません。ならば残る手立てはそれを使いこなす人間の英知の方にあります。ＩＣＴを使いこなす年齢層は今後ますます弱年化していきます。弱年者から始めて技術環境に正しく棲み込むための知とモラルをどう学ぶかがこれからの重要な課題です。

自然環境破壊にせよ、社会環境破壊にせよ、いずれも人類の英知が試される局面です。二十一世紀は自然環境・社会環境と共生する「英知公共圏」をどう構築するかの歴史的転換点となるはずです。

## 6　「公共」を生きる（一）

人の住む世界には「公」の世界と「私」の世界があります。その二つの世界が重なり合う領域に「共」の世界が開かれます。たとえば、小は通勤電車の乗り合わせた乗客同士、大は「社会共通資本」

〈宇沢弘文〉の利用者同士、そこに開かれている場が「共」の世界です。現代社会では「私」の世界はますます「公」の世界に浸透され覆われていき、同時に「共」領域が拡張していきます。そこに形成される「公共」空間は「私」の領域を巻き込んでますますその多様性、複雑性を増していきます。

その公共空間を人はどう生きるかが現代社会に生きるわれわれに新たな課題を投げかけます。消極的には「私」世界の中核である〈家族・家庭〉をどう守るか、「公」がますます浸透してくる〈地域〉とどう折り合っていくか、「共」のモラルをどう構築するか、「私」領域に「公共」規範がますます浸蝕してくるのなら「私」が守らねばならぬ「共」の価値は何なのか、などのイシュー群です。積極的には「公共」空間の住人としてそこへ主体的にどう関わっていくかです。同じ自然環境・社会環境を生き、「社会共通資本」の恩沢を受ける者同士として、その中で自らの関係性をどう保ち、いかにして自立性を確かなものにしていくか、つまり、「関係的自立」をどう確保するかです。

「公共」とは「関係的自立存在」が多数集住するなかで互いに共同して「自立的関係」をどう構築していくかの営為です。それは、スピノザ以来のテーマである民主主義成立の根拠を問うことに通じます。つまり、意見も欲求も異なる諸個人が集まって、いかにして自立的に関係づけられた「公共圏」を形成していくかです。

それには、大は国家、中は企業組織、小は地域自治組織に至るまですべてのアソシエーションが含まれます。NGO、NPOもそうです。そういう意味で「公共」とは何かを問うことは、現代社会が直面する〈生き方〉そのものを問うことに通じます。それは〈人間活動の複雑系多様態〉である「公共圏」で、成員メンバーが「公共」の形成に実践的に関わっていくなかで、いかにして自己実現ないしは自己変容を遂げていくかの課題でもあります。

生きた人間の集合体である「公共」領域は、それ自身が生命体です。そこには「生命体」に固有の論理が働いています。状況を読んで、利用できるものは最大限利用して（アフォーダンス）、その時その場で最も望ましい状況を創出していく（アブダクション）、それには、構成員のやる気、意欲がなければなりません（エマージェンス）。そして、それは一定方向へ方向づけられ秩序づけられねばなりません（コヒーレンス）。そこに求められるのは一致共同です（シナジェティクス）。それは、その「共同体」の歴史的・文化的伝統（思考・生活習慣）に則り、かつその生成に資するものでなければなりません（ヒステリシス）。その共同体文化に則って、つど最適の意思決定が行われます（セレクター）。その間にあってつねに留意されるべきは共同体の恒常的安定性です（ホメオスタシス）。企業などのすべてのアソシエーションとそれは同じ原理です。

では、同じ「共同体」ではあっても「公共圏」に固有の特性として何があるか、それは、効用・効率一辺倒の社会に〈公正・正義〉についての批判的討議プロセスが新たに挿入されることにあります。〈公正・正義〉とは避けがたい不一致を回避することなく、また一方的に何かを押し付けるのでもなく、相互尊重の基盤を強化する方向で互いが「公共文化」とは何かの合意を形成し、それを互いが納得をもって受け入れるようにすることです。

そこでの論議の対象となる最大公約数的なイシューとしては〈何を市場の侵入から守るべきかの

「市場の道徳的限界」についての公的に開かれた論議、民主的な市民生活が必要とする連帯意識（コミュニティ意識）の育成、コミュニティを衰退させるような生活様式の見直し、生活インフラ・基盤の再構築、公共の施設とサービスの再建、自然環境の再生、社会環境を悪化させないための生活様式の見直し〉等々です。そこでは市民道徳、相互連帯、相互責任、社会的慣行等についての論議がなされることはあっても、そこに個人的道徳信条や宗教的信念をもち込むことは慎重に避けられます。

しかしそのようなプロセスを経て導出される社会がそれだけで〈公正・正義〉の社会であることの保証はありません。唯一できることは、メンバー各人がただ「善き生活の実現」についての合意に達するために公的言説の再活性化の実践主体となることだけです。要するに、メンバー各人が覚悟をもって自分の立ち位置（アテンダンス）を選択し、その重荷を背負って生きる者同士であることを相互承認し合うことです。実践者としてのアイデンティティを形づくる「物語」を生きる自己を把持しながら、それが他者の「物語」とも関わりがあるとの認識を互いにもちつつ、そうやって生きることの可能性を互いが保証し合うことです。（以上の「公共」についての記述は『公共哲学1〜10』〈東京大学出版会〉の他、ロールズやサンデルに関する諸著作を参照）。

大事なことは自らの立ち位置を決定し、それに従って行動する自由が保証されており、それによって何を実現しようとするのかについての合意形成（ないしは不形成）のプロセスがメンバー全員の批判的討議に開かれ、その公的言説の再活性化を通して市民生活を一新しようとするさまざまな試みがその圏域のあちこちで日々積み重ねられていくことです。

以上の論議は、〈公正・正義〉を保証するための「方法論」であって、何が〈公正・正義〉であるかの中身には触れていません。最後にそれを考えます。それは端的に「善き生活」とは何かの問いです。

大方の異論がないであろうことは、わが国憲法の前文に謳われた次のような事項でありましょう。曰く、「安全と生存を保持」し、「平和を維持し、専制と隷従、圧迫と偏狭」を「除去し」、「恐怖と欠乏から免れる」ことです。国家レベルでこの「崇高な理想」を実現し維持することの問題はしばらく措くとして、地域社会、家庭、家族という身近な場でなら、ささやかであってもこれらの実現に何がしかでも寄与する行動をいま起こすことは誰にとっても決して難しいことではありません。〈「公共」を生きる〉ことは〈家族・家庭・地域〉でのそのような日常の実践から始まります。そして、できればその視野と実践の射程は現在世代に止まらず、遠く児孫の将来世代へ、さらには人類の未来へと開かれていることが望まれます。

問題は、国民それぞれにそれを実現するための機会がどれほど公平に用意されているかです。その能力・適性・意欲を伸ばし生かす機会が公平に与えられ、その達成に応じてそれぞれに「その所を得さしめる」ことがどこまでできているかです。しかし、基本はあくまでもメンバー各人のエマージェントな努力です。その点について次に考えます。

## 「公共」を生きる（二）

「公共」とは何かを問うことは、「関係的自立」存在である人間が、多数集まって共同して統一的な

「自立的関係」を構成する原理を究尋することです。意見も欲求も異なる諸個人が集まってどうして統一的に秩序づけられた共同体が形成され得るのか、その原理の究明です。

「関係的自立」存在である人間が集住し共同して何事かを為さんとするとき、そこには自立した人間同士の間でさまざまな生きた関係性のネットワークが形成されます。住民にとっては「関係性」は自己存立のための環境条件（アフォーダンス）であり、「自立性」は自己実現のための主体条件（アブダクション）です。環境条件（アフォーダンス）を主体条件（アブダクション）に転換するためには両者の間を連結する媒介項が要ります。自らの立ち位置、スタンスをどう決めるかの自己定立（アテンダンス）がそれです。「公共」を生きるとは、まさに人間の実存（アテンダンス）そのものに関わります。

そこにはまず積極的な参画意識ないし意欲（エマージェンス）がなければなりません。そして、それを束ねる集団規範（ストレンジ・アトラクター）がなければなりません。

そこに形成されるＸＹ座標系の各象限において「自立的関係」において秩序づけられた人間集団のさまざまな公共活動が展開されます。図解すれば〈図14〉のようになります。

まず、住民参加（オートポイエーシス）によって地域創生（ストレンジアトラクター）がなされます。そこからすべてが始まります。それがないところでは何事も始まりません。

地域文化の中で、住民同士が相互扶助（シナジェティクス）しながら、さらに豊かな地域文化を育てていきます（ヒステリシス）。相互扶助の地域文化の醸成（アフォーダンス）です。

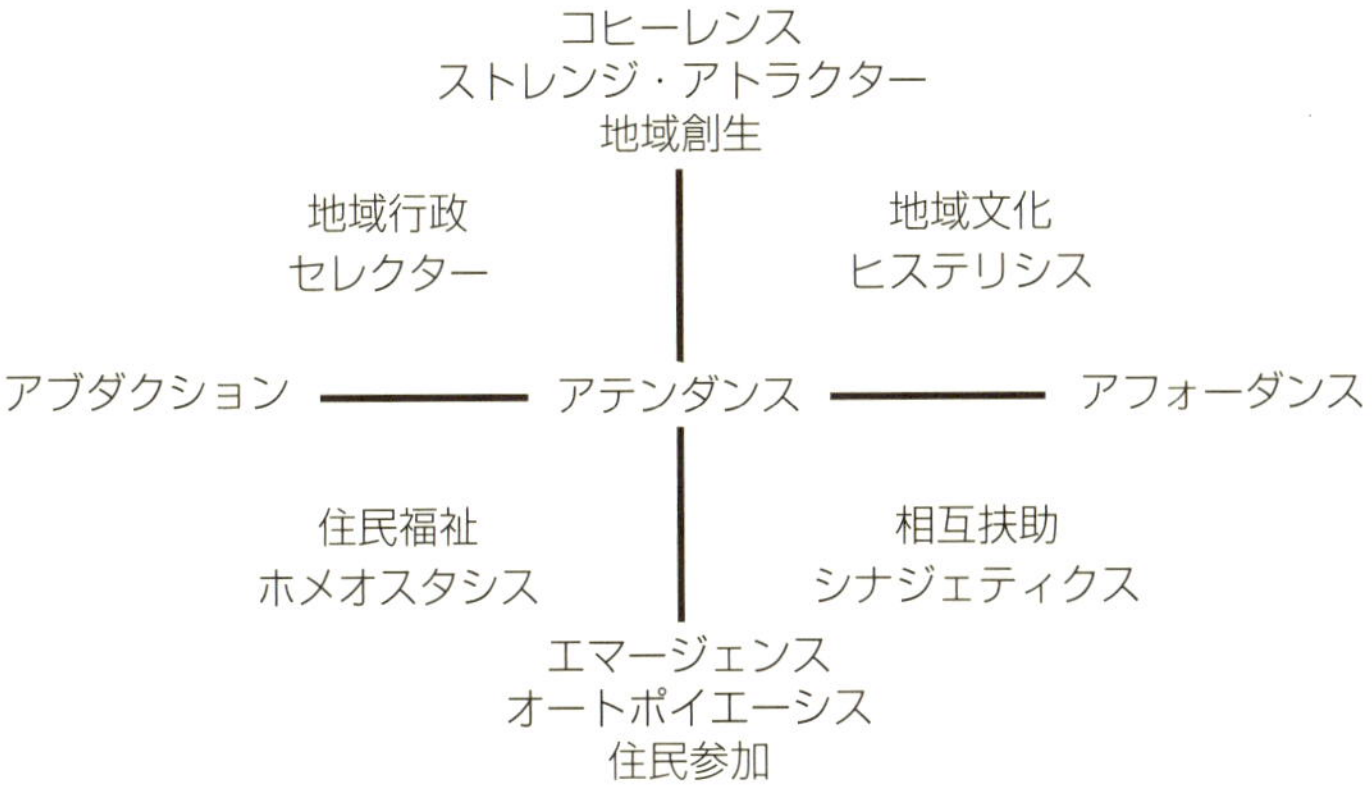


図14

地域創生・地域発展を主眼に地域行政が展開され（セレクター）、さまざまな選択肢に対して住民福祉（ホメオスタシス）の観点から優先順位がつけられ取り組むべき行政課題が実践されます（アブダクション）。そこに働く集団原理（ダイナミクス）は企業の場合と同じです。

地域創生には中核価値（ストレンジ・アトラクター）は何かが、住民みなにとって明確でなければなりません。それを明らかにするのが首長の仕事です。首長選挙の過程でそれが明らかにされますが、選挙だけでなく首長はつねに自己反照的に自己自らを民主主義的討議に曝さねばなりません。そうすることで自らを住民総意の結節場へと組織するのです（アテンダンス）。

首長にとっては毎日が住民評価、つまり信任投票の日々です。それを引き受けるのが「公人」としての役割です。

住民参加は選挙で終わるのではありません。日々の営みがそのまま住民参加です。地域が掲げる中核価値（ストレンジ・アトライター）を実現するために、住民は進んで継続的にその営みに参加する義務があります。解決すべき課題は日常的に発生します。すべてを行政の制度的対応に委ねるわけにはいきません。住民自治の範疇で一人ひとりが解決せねばならない事項も多々あります。ときには関係する住民でボランティアなどいわば一揆的結束をもって取り組まねばならない課題もあります。ときには中枢権力機構を揺るがしかねないような周縁活性化行動を行わねばならないこともあります（エマージェンス）。それには住民個々人に健全な社会規範意識が求められます。これらの活動を通して住民は市民として成熟していきます（シナジェティクス）。その過程で豊かな地域文化が育まれます（ヒステリシス）。また歴史的に育まれてきた地域文化があってはじめて住民協働の実も挙がります。住民協働に当たっては住民同士の情緒的だけではない、経済的・社会的・知的な相互扶助も大事です。それには住民の間に、また住民と行政当局との間に相互信頼ないしは慈愛の絆がなければなりません。相互信頼ないしは慈愛の絆に裏付けられた相互扶助、住民福祉、それが住民協働の基盤となります（ホメオスタシス）。

中核価値は地域行政に具現化されます。多数の選択肢のなかから優先順位がつけられます。首長の行政手腕とともに住民の参画意欲（エマージェンス）が問われる局面です。しかもその優先順位はいったん決められればそれで終わりではありません。事態はつねに流動的であり変化しています。それへの柔軟な対応、開かれた応答性が大事です。それは地域行政に関わるすべての成員に対する首長の説明能力が問われる局面です（セレクター）。

以上のプロセスを経て地域は住民にとって住みやすい「公共圏」へと開かれます。そこには当事者すべての英知（本書で示した各図の各象限に配された諸活動の統合知）が結集されます。かくして地域は「英知公共圏」となります。「公共圏」は住民が英知的存在へと成長していくための道場となります。道場としての「英知公共圏」とはどういう場所か、それを次に考えます。

## 「公共」を生きる（三）

「関係性」は揺らぎ「自立性」も揺らぎます。したがってその両者の間で形成される「関係的自立」存在もまた揺らぎます。したがって「関係的自立」存在が拠って立つべき統一原理は何かを一義的に提示するのは難しい、すべては不断の自己生成プロセスとしてしかとらえようがないからです。

そうなると「関係的自立」存在が拠って立つべき基盤・根拠となるものはただ一つ、自分自身しかありません。自分自身を支えるには自分自身しかないというこのトートロジーに堪《た》えて人は生きています。つまり、自らの生きる姿勢、態度、身構え（アテンダンス）をしっかりと決めて、それをできるだけ崩さないように心掛けること、何とか、揺らぐ自己をもちこたえるべく居住まいを正すこと、立ち位置をずらさないこと、現にわれわれはみなそうやって生きています。その根底には、そうとしか生きられない人間存在への一種の諦念のようなものがあります。「関係的自立」存在が自らを支えているのは結局のところそういう覚悟の世界しかありません。

そういう不確かな存在基盤しかもたない「関係的自立」存在が多数集まって「公共圏」を形成す

るのですから、その「公共圏」を根底で支えるのも結局のところ「覚悟」しかないことになります。「覚悟」とは内発的で無定形なエネルギーの純動態です。したがってそれによって形成される「公共圏」も動的プロセスとしての「覚悟によって選びとられた圏域」であって、その形状も、閲歴も、進むべき進路も、その強度も、つど構成的に生成されるしかありません。

しかしだからといって「公共圏」は権力機構によって秩序づけるしかない、あるいはイデオロギー的な統一理念によって統べられるしかないと即断するわけにはいきません。権力機構で秩序づけられるのも不可、イデオロギー的統一理念で統べられるのも不可となれば「公共空間」は住民参加による自己組織化プロセスに委ねるしかないということになります。

そのためには「関係性」と「自立性」の間にある矛盾対立を認めたうえで、それを正面から引き受けて生きるしかありません。「関係性」と「自立性」との相関は多様です。表裏一体なのか、部分的に重なり合うのか、相互に浸透し合うのか、あるいは共鳴・共振し合うだけなのか、それは一概には決め難い、それらが輻輳《ふくそう》し合っているというのが実情です。だとするなら「関係的自立」存在としてのわれわれは、その多様態の中にあって、むしろその不確かさ、あやふやさの上に、覚悟を定めて「居住まいを正す」という自己反照的態度を持するしかありません。ではその覚悟の内実は何か、使命感か、義務感、道義的観念、正義感、良心か、あるいは他者に対する同調、共感、同感か、それらを総合するものとしてたとえば信念か、しかしそれらもまた時に揺らぎます、つねに確固不動というものはありません。かくのごとく「関係的自立」存在の存在基盤は不確かであやふやなものだからこそ、そこに〈公開討議の場としての「公共圏」〉が開かれ得るといえます。

要するに、われわれが「公共圏」と呼んでいるのはこの「居住まいを正して社会一般に主体的に対峙する」者同士が集まって形成する「生活世界の開け」の場のことなのです。したがってこの「公共圏」を成り立たせるのもまた究極のところその成員各人それぞれの相互反照的態度によるしかないということになります。互いに互いの「居住まい」を正し合っていくしかない、外部から超越的な規範をもち込んでもそこは「権力的統治空間」ではあり得ても「公共圏」とはなり得ない、つまるところ「公共」とは「関係的自立」存在同士が相互反照し合いつつ折り合っていくこと、それ以上でも以下でもないということです。不確かな基盤の上に形成され、それ自体が不断に揺らいでいる「関係的自立」存在たちによって生成的に不断に再編されつつある揺らぐ生活空間、それが「公共圏」であって、そこを統べる「統制的原理」は存在しない、あるのは不断の相互反照的討議によってつねに自分の「居住まい」を正し合っていく「節度」ある〈英知〉のみだということです。

その〈英知〉存在のことをわれわれは「卓越者」リーダーと呼びます。そういう意味では「公共」のためには「卓越者」リーダーの存在が不可欠です。では、その「卓越者」リーダーたる者、深い情念的共感をもって相互反照的討議をリードしていける者のそなえるべき資格要件は何でしょうか。

一つは、状況を正しく読み（アフォーダンス）、適切に状況に適応（アブダクション）することです。二つは、成員メンバーの創発的意欲を喚起し（エマージェンス）、そのパワーを共通の目標（と思われるもの）に向かって結束（コヒーレンス）させることです。この四契機（アフォーダンス、ア

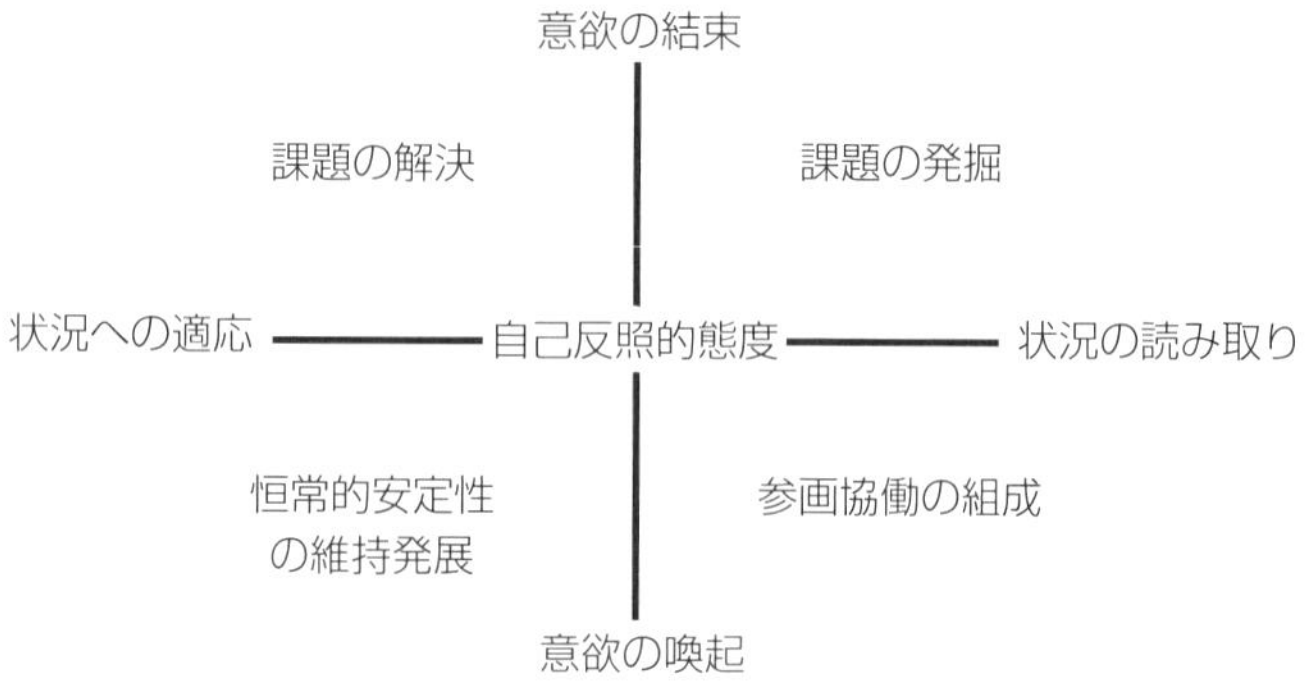


図15

ブダクション、エマージェンス、コヒーレンス）で形成される四軸座標系の原点にあって全体を束ねるのが自己反照的態度、すなわち深く生命について想いをいたすことのできる〈英知〉（アテンダンス）です。

その座標系の四象限に配されるのは〈図15〉の通りです。

中央に配された「自己反照的態度」、すなわち〈英知〉のさらに奥底には無定形の情念が渦巻いています。快・不快、称賛・憤慨、好感・嫌悪、満足・不満、安心・恐怖などさまざまな情念です。しかもそれは各「自己」の枠を超え出て、「自他」に相わたる共同主観（共同幻想）的情念へと広がっています。われわれにできること、なすべきことは、参加協働を組成し、共同して課題を見つけ出し、発掘した課題に優先順位をつけて解決し、それを通して「公共圏」全体を恒常的な安定圏へと維持発展させていく、そのプロセスを通じて共同主観（幻想）的情念を相互反照的対話によって解きほぐし、できればそれを相互扶助の麗しい想念へともたらすことしかありません。それが「公共圏」における〈英知〉ある「卓越者」リーダーの働きです。「卓越者」リーダーは周囲から屹立している孤高の存在ではありません。状況に紛れ状況に埋没しているのでもありません。状況の中に身を置いて状況と一体化しながら、しかも主体的に状況創出を行っていく、そういう状況インキュベーターの役割を担うのが「卓越者」リーダーです。

われわれが直面する当面の課題は「公共圏」の創発契機を見出し作り出すことです。それには個々の実践、フィールドワークしかありません。定型的方式はどこにもありません。難しいのは輻輳する快・不快、称賛・憤慨、好感・嫌悪、満足・不満足、安心・恐怖の矛盾葛藤（無定形の情念）の場をどう相互調停してそこを相互扶助の慈愛の圏域へと変えていくかです。それができるのが「卓越者リーダーたる〈英知〉存在」です。

われわれはみな等しく関係的自立存在＝〈英知〉存在であり、公共空間インキュベーター＝「卓越者」リーダーとなり得る有資格者です。そして「英知公共圏」においてこそ、その「卓越者」リーダーが育ちます。その「卓越者」リーダーによって企業空間も、ひいては国家社会もより高次の圏域へと進化発展していきます。「公共圏」こそがその英知的卓越者を育てる道場なのです。

## 〈補注〉「卓越者」による〈英知公共圏〉の経営

市場の風が吹きぬける民主主義的風土によって、また、技術生態系・付加知価連鎖系のなかの重要な機能環としてそこが〈開かれた揺らぎの場〉となったとき、経営空間は「英知公共圏」へと進化・発展します。

〈開かれた揺らぎの場〉という意味は、環境変化に合わせて自らの内部構造を柔軟に組み替え、それによって環境との関係を不断に再組織化し、同時に環境それ自体を作り変えていく、そのような生命体（生態系）の振る舞い特性をそれがそなえているということです。そこには〈〝揺らぎ〟を通しての自己組織化〉という「生命論パラダイム」の根本原理のハタラキがあります。

〈開かれた揺らぎの場〉においては、〈暗黙次元・明示次元・形式次元の知の三次元〉と〈暗黙知・身体知・言語知・メタ言語知の知の四象限〉とが統合されたところで生みだされる人間力の最高の智恵である〈英知〉が互いに共鳴・共振し合って〈開かれた一つながりの連続的活動圏〉を形成します。そこでは人は、〈個人〉を堅持しながら自由に〈個〉の役割を演じ、〈個〉を演じながら〈個人〉を存分に生きることができます。〈個〉と〈個人〉の間を巧みに調停しながら、〈個―個人〉統合人格として自在に自らの〈英知〉を振るうことができます。そのような英知発揮の場を「英知公共圏」と名づけます。そのように自由な〈個―個人〉によって形成される〈開かれた揺らぎの場〉である「英知公共圏」の経営において、はじめて真の「公正に開かれた経営」が実現します。

「英知公共圏」と、あえて「公共圏」とするゆえんは、会社至上主義のような閉じられた共同体幻想を払拭《ふっしょく》して、場を開かれた「圏域」へと解き放たんがためです。そこでは人は存分に自由の空気を呼吸することができます。圏域内部で自由に振る舞いながら、同時に外部に対しても自らを開くだけでなく、圏域それ自体をもさらなる外部へ向かって拡張します。内外を自由に往還しながら「境界」自体を曖昧《あいまい》化していきます。人はそこでは論理的に計算し尽くされた帰結をたどることより偶然の成り行きがもたらすかもしれない豊穣さに賭けてみることの方を選びます。互いの「行為・体験」「出来事・経験」「知識・情報」「メタ知識情報」を自由に多様に語り合いながら、そこに制度規範に回収され尽くすことのない自由な活動圏域を動的に形成します。

「英知公共圏」では孤立した〈個〉・〈個人〉は存在しません。そこには互いに役割関係で結ばれ合った〈個―個人〉同士の同胞的な信頼関係と、それに支えられた協働関係があるだけです。そこが「公共圏」だというゆえんは、〈個的な自由を求めることでおのずから複数者間の秩序が生みだされる〉という意味で、〈自由と秩序〉〈個と全体〉の間の矛盾葛藤が解かれる弁証法的場所だということです。そこは、各〈個〉・〈個人〉の自由な創意が響き合う交響圏・共鳴共振圏であり、〈公共〉の利益のために各〈個〉・〈個人〉の自由という貴重な価値資源を進んで提供しようとする〈個―個人〉たちが親密な関係を結び合う圏域です。そこでは〈個―個人〉は、開かれたネットワーク回路のなかを自由に横断しつつどこにでも〈自己〉なる存在を刻印することができます。われわれが目指すのは「公正に開かれた経営」を通してそのような「英知公共圏（交響圏）」を実現可能にする条件や方途を探ることです。

では、「英知公共圏」が秩序ある圏域として把持されるための条件としては何が措定《そてい》されるでしょうか。

「英知公共圏」は生命体のような〈複雑適応系〉・〈自己組織系〉・〈進化系〉です。経営における具体的局面との関連で見れば、〈複雑適応系〉としての特性は自立動態性を特徴とする〈イシューレイジング〉局面、〈自己組織系〉としての特性は自律発展性を特徴とする〈ソリューション〉局面、〈進化系〉としての特性は自己励起性を特徴とする〈インキュベーション〉局面においてそれぞれ最も色濃く現われます。これらの諸特性は知の三次元構造（〈暗黙知次元＝リーダーシップ〉・〈明示知次元＝マネジャシリティ〉・〈形式知次元＝ガバナビリティ〉）と交響し合って多様な動的展開を示します。その相関関係は次〈表〉のようなマトリクスで示すことができます。このマトリクスの動的中心から〈ベンチャリング・スピリット〉が湧出することで「英知公共圏」は〈コーポレート・ベンチャリング〉の渦巻く時空間となります。その時空間で〈個〉と〈個人〉が統合された〈個―個人〉統合人格、すなわち「強い自己」＝「統合的自己」が育ちます。

「英知公共圏」はそれ自体一つの生命体（生態系）のごときものです。

生命体（生態系）はそれまでにたどってきた経路に依存しつつ、周りの環境と共鳴・共振しながら、自らを状況適応的（課題探索的）に把持し続けます（複雑適応系＝自立動態性という特性）。組織の〈イシューレイジング＝課題探索局面〉です。

生命体（生態系）はどんな環境変化にあっても求心統合性を失うことなく、つねに自らの動的安定性を保ちながら不断に新たな状況を創発させていきます（自己組織系＝自律発展性という特性）。組織の〈ソリューション＝課題解決〉局面です。

表

| | <インキュベーション><br><進化系><br>自己励起性 | <ソリューション><br><自己組織系><br>自律発展性 | <イシューレイジング><br><複雑適応系><br>自立動態性 |
|---|---|---|---|
| <ガバナビリティ><br>形式知次元 | セレクター<br>選択性 | コヒーレンス<br>求心統合性 | ヒステリシス<br>経路依存性 |
| <マネジャビリティ><br>明示知次元 | アブダクション<br>状況開鑿性 | アテンダンス<br>動的安定性 | アフォーダンス<br>状況適応性 |
| <リーダーシップ><br>暗黙知次元 | ホメオスタシス<br>恒常性 | エマージェンス<br>創発性 | シナジェティクス<br>共振性 |

また、自らが産出した自己拘束条件と相互作用するなかで状況選択性を強めていくことで、恒常性を安定的に保ちながら自らを状況開鑿的に進化させていきます（進化系＝自己励起性という特性）。組織の〈インキュベーション＝課題創出〉局面です。

生命体はこれらの諸特性をいつも・すでに万遍なく十全に発揮するのではありません。どれかを突出させたりどれかを抑制したりしながら状況（環境）に適応していきます。ときには互いに強め合ったり、あるいは補完し合ったり、相互生成し合ったり、またときには互いに阻害し合ったりしながら全体最適を実現していきます。生命体はみなそのような複雑なダイナミクスの遷移複合体なのです。生命体として「英知公共圏」の経営も同じです。

「英知公共圏」の経営についてもう少し考えてみます。

社会はいま閉塞状態にあります。環境問題、教育問題、少子化問題など方向感の見えにくい今日の社会問題の多くは市場万能主義ないしは会社至上主義の行き詰まりにその根因があるといっても過言ではありません。にも関わらず、企業は未だそれから脱却するための方略を見つけていません。市場万能観に立脚した利益至上主義の経済論理がいかに自然環境を破壊してきたか、会社至上主義がもたらす閉ざされた組織倫理によっていかに多くの若者たちが働く意欲を削がれてきたか、それによって学校教育もまたいかにゆがめられているか、働くことの価値や悦びを若者たちに提供できない企業の組織道理に少子化問題の原因の一端がありはしないか、など自らを省みたことのある経営者が果たして幾人いるでしょうか。そこまで想いを届かせないかぎり現代社会が抱えるこれらのアポリアから抜け出す途はありません。なんとなれば現代経済社会の主たるプレーヤー（あるべき「英知公共圏」の担い手）は企業なのですから。

さまざなところに見られるこの閉塞状態を打破するには、したがってまず何よりも企業経営が自らの拠って立つ道理（倫理）を根底から自己変革しなければなりません。端的にいって、それは「機械論パラダイム」に「閉ざされ」た経営から、「生命論パラダイム」に「開かれ」た経営への転換です。すなわち、閉じられた「利益共同体」の道理（自閉的＝自己完結型の道理）から開かれた「英知公共圏」の道理（開放的＝環境共生型の道理）への軸足の移し変えです。そうすることによって組織成員を組織道理に埋没した機能的・非人格的存在者から、広く社会へと開かれた「倫理・道徳」的・人格的存在者へと解き放つことです。

いまビジネス・エシックスが改めて問われていますが、問題を起こす企業はいずれも閉鎖系組織の病理に組織中枢までもが深く侵蝕された企業です。コンプライアンスやコーポレート・ガバナンスをいくら声高に強調してみても根本治癒にはなりません。成員個々人が真に「倫理・道徳」的存在者へと開かれないかぎり病は繰り返し発症します。確固たる自律規範を堅持するたくましい人間力を備えた「卓越者」によって担われるのでないかぎり不祥事や組織犯罪はなくなりません。〈「卓越者」による「英知公共圏」の経営〉による以外に企業倫理の再生はありません。

## 7 高齢化社会を生きる（一）

ヒトとしての存在にはもともと性差も年齢差もなく、それらは単なる表徴にすぎません。出自や肩書などに至っては修辞にすらなりません。強いて分けるなら健常者か病者かの区別があるだけです。それとても人格存在としては同等・同格であってそこに差別があるはずはありません。

健常者といえども、身心的にどこか何がしかは病んでいるところがあるのが普通です。病者といえども身心的にすべてが病んでいるわけではありません。どんな重病人であっても、どこか何がしかは健常性人格を維持しているのが普通です。

これからの高齢化社会を生きるうえで、われわれがそこから学ばねばならない大事なことは年齢・性差に関わらず相対的に弱い立場にある人たちへの配慮、つまりキュアとケアの精神を忘れないことです。しかも、キュアとケアを区別して考えてはいけません。両者は一つながりです。キュア即ケア、ケア即キュア、すべては「より添う愛の原理」で統合的にとらえられねばなりません。

高齢化社会から学ぶべきことは多い。たとえばジェロントロジーです。ジェロントロジーとは一言でいって、住み慣れた地域・住宅で、家族や友人や近隣・地域の人々と人生の最期まで自分らしく、健康で美しく老いることができる、そのための仕組みづくり、生きがい創造をどうするかの総合科学です。高齢者を巡る個人的・社会的・政治的諸問題に産業社会がどう対処するかという視点でその積極的・肯定的側面に注目してこれを有効な資源としてどう活かすかにもいまは焦点が当てられています。

ジェロントロジーには学問的にいくつかの立場があります。継続理論、活動理論（活動を続けることで幸せになる）、その反対の離脱理論（高齢者の社会的貢献は縮小すべきとする。高齢者も離脱することで幸せになるとする）のほかに、ストレス対処理論（生きているからこそ生じるさまざまなストレスや変化にうまく対処し続けるのが高齢者）、ライフコース理論（個人よりも社会文化的変遷に注目）、近代化理論（物質的進歩につれて高齢者の価値は低下するとみる）、構造乖離理論（人間としての生き方と社会構造の間にはギャップがあるとする）、などです。（『東大「高齢社会の教科書」〈ベネッセ〉、『「ジェロントロジー」加齢の価値と社会の力学』〈きんざい〉ほかを参照）。

注目すべきは継続理論です。これは行動パターンやパーソナリティを継続しつつ変化に対処していくのが、高齢期に望ましい適応の様式であるとします（ＳＯＣモデル）。これまでの多くの活動領域から自分にとって重要で意味のある領域を選び、現状に即した新たな目標を設けて生活の方向づけをする（Selective ＝選択）、使える機能や資源を集中的に投入してつねに新たな目標を目指して努力する（Optimization＝最適化）、自分がもっていない機能は他の機能や資源でうまく補って目標の達成を可能にする（Compensation＝補填）、このＳＯＣモデルは何も高齢期に限ったことではありません。人は生きているかぎり、みなそうして生きています。

高齢化社会がわれわれに突きつけているのは、要は身体的な機能低下（もっていない機能、失った機能も含めて）を問題にするのではなくて、人間として変化を受け容れたうえで、心理的かつ社会的にどのような態度と言動でそれぞれの〈人生のとき〉に立ち向かうかの新しいパラダイムの提示です。高齢者のもつ弱点（俊敏性、持続性、心理機能の低下、記憶力の低下、新しいことを習得するのに時間がかかる）と長所（責任感が強い、信頼できる、統合的思考能力の高さ、緻密さ、優れた言語能力、寛容性、不確実性を受容する知識能力、知識を展開する知恵）を適正に学んで、それをわが身に引き受けて、そこから多面的・重層的な人間活動を組成していくことです。これは、効率的か・合理的か・有用かの色分けをもっぱらとする機械論的パラダイムにアンチテーゼを突きつけることに通じます。ジェンダー論がフェミニティ・パラダイムによってマスキュリニティ・パラダイムに対してノーを突きつけるようにです。そういう意味では、ジェロントロジー論とジェンダー論は、既往の機械論パラダイムに対し生命論パラダイムの立場から「アンチ」を提起するという点で相互連携することが可能です。

高齢者自身にとって特に大事なことは自身の加齢に伴う身体的衰え、動体視力の低下、視野の狭窄化、色彩のコントラスト感度の低下、明暗順応度の低下、聴力低下、反射的反応速度の低下、疲労回復力の低下などを正しく認識しつつも、反面で加齢の長所にも目を向けることです。経験が豊かで知識が豊富である、時間が自由に使える、金銭的・生活的にゆとりがある、趣味や興味の範囲が各人別に多様で幅広い、自分らしさを大切にしその価値観も多様である、（もちろん、そうでない人もたくさんいますが）等々です。高齢者個人は自らの欠陥と長所をそれぞれが正しく認識して、その場・状況にふさわしい生き方、あり方を自分で見つけていくことです。高齢者各人に対して世間からの期待もあることを当人自身が忘れないことです。

高齢者がもつべき意識は、要は人間の脳力には限界がないことを覚ることです。世の中の出来事に価値を付与しているのは自分自身であること、生きることは自分自身を追い求めることであることを知ることです。ここから高齢者は知的好奇心だけでなくあらゆることに興味をもてるようになります。人生の全般（特に後半）を見通す幅広い視点も生まれてきます。その生きる姿を来るべき後生に身を以て示すことです。

最後に高齢者と若年者が協働できる分野にどんなものがあるかを一瞥《いちべつ》しておくこととします。高齢者のもつ最大の資源は、豊富な時間と選択の自由、過去の豊かな経験です。この資源を使えばチャレンジングなライフデザイン事業をいろいろと考えることができます。

高齢者大学での学びと教えの機会創出、児童の学習・保育に対する援助活動、創作・趣味・サークル活動の組織化、健康産業、観光産業等々、身辺にいくらもチャンスがあります。他にもたとえば健康と美容は高齢者の楽しみを満たす中核的要素ですから、それに関連したヘルスプロモーション指導、バランスのよい多品目の食餌指導、口腔ケア、睡眠技法指導などがこれから有望です。それに応える商品やサービスの開発も求められるようになります。ジェロントロジー・テクノロジーの開発も急務です。運動器や感覚器の研究開発、リハビリ機器や健康増進機器、認知訓練機器、遠隔地健康管理システム、ペット・ロボット、徘徊感知器、等々、センサー技術を駆使した新たな産業分野の開発もこれからいっそう進展するでしょう。要するに本項でいいたいことは、高齢者といえども健常であるかぎりはもてる特性・長所を活かしていつまでも社会に適応して「働く」べきだということです。（なお、本項の記述の多くは巻末の《参考資料》を参照しました）。

## 高齢化社会を生きる（二）

ニュー・ジェロントロジーは、高齢者・老人を巡る個人的・社会的・政治的諸問題に産業社会・資本主義社会がどう対処するかという視点から見れば（いわば効率主義社会の視点から見れば）負の資源として見られがちな高齢者・老人問題に対して、人間社会がどう対処するかという学問領域を超え出て、むしろ逆に、その積極的・肯定的側面に注目して、これを有効な資源としてどう活かせるかに焦点を当てます。

そこでは高齢者向けの楽しみと生きがいの価値創造ニーズに対処する生涯教育産業、食育や適度な運動のための健康増進指導、およびその施設運営などが新たな事業機会として浮上してきます。この分野では、これから多様な創業・起業がなされていくと思われます。

高齢者の特性である、①経験が豊かで知識が豊富である、②時間が自由に使える、③金銭的・生活的にゆとりがある、④趣味や興味の範囲が各人別に多様で幅広い、⑤自分らしさを大切にし、その価値観も多様である、などを共通資源として、高齢者は社会問題一般に対し共通の関心をもって協業することが可能なはずです。これからの二十一世紀社会を人間らしい住みやすい社会に変革していく上でよきパートナー同士となれるはずです。その際、互いを結ぶ共通媒介項となるのが「生命論パラダイム」です。

二十一世紀は「生命論パラダイム」の時代です。物事は要素に分解はできない、すべてはすべてと分かちがたく結びついている、すべては〈成り行くプロセス〉の総体としてしか把握できない、というのがそのパラダイムの要訣です。そういう観点からすれば、老人問題は「機械論パラダイム」に対してアンチテーゼ（パラダイムシフト）を突きつけるインパクトとなります。そこにフェミニズム運動が合流してくる可能性が開かれます。

ジェロントロジーもフェミニズムもジェンダー論も「機械論パラダイム」に対抗するための理論的武器として共同して役割を果たすことができます。しかしそれも単なるアンチテーゼの提示にとどまらず、その後にどのような社会を創ろうとするのかの展望を示さなければなりません。自らの強みを解析しそれをもとにどのように「機械論パラダイム」を脱構築しそれに代わってどのような「生命論パラダイム」に立脚する人間性原理社会を構築するかの展望です。まずは〈男性性原理＝機械論パラダイムで色濃く染め上げられた〉諸々の社会システムを「人間性（ヒューマニティ原理）」に立脚するシステムへと組み替えていくことです。

いま男女共同参画社会が提唱されています。しかし、これも男性が支配する社会に女性が参画する程度を幾ばくか増やそうという程度の発想にとどまるならほとんど意味がありません。女性の参画によって男性性原理社会＝機械論パラダイム社会を根底から変革することができてはじめて意味をもちます。ニュー・ジェロントロジーにも同じことが求められます。労働力の効率性をもっぱら追求する「機械論パラダイム」に立脚する経済・産業体制を、どうやって人間性原理に立脚するサスティナブルな多文化共生社会へと変容させていくかです。その、インパクトとなるのがニュー・ジェロントロジー（同時にジェンダー論）に期待される役割です。それが社会変革のパワーへと育ったとき、そこからこれまでにない新たな生きがい、楽しみ、生きる悦びが生まれてくるでしょう。「男女共同参画社会」に倣っていえば、これから求められるのは「老若共同参画社会」をどう構築していくかです。

高齢者は自尊心が強いとされます。これまでに獲得し蓄積してきたもの、身を鎧《よろ》ってきたものを一つずつ脱ぎ捨てていき、そして最後に核として残るのが自尊心です。本人自身もそうですが周りもこれを尊重する必要があります。既往に追いすがったりいまを取り繕ったりすることなく自分らしくあり続ける、自分にできることを冷静に見極めながら自尊的自己を柔軟に生きていくことです。若年者もこうした高齢者から学ぶことは多いはずです。

人間は老化によって脆弱性を感じるようになるのは避けられません。つれて自我の崩壊にも脅えるようにもなります。だからといって、周りが年寄扱いをして無暗に手や口を出すと、そうでなくとも揺らぎ始めた自尊心が傷つけられることとなります。大事なことは、何ができないかよりも何ができるかを一緒に探すことで貢献できる喜びを探すことです。金銭的な利益、物質的な価値よりも、精神的価値を重視することです。ここからも若年者は多くを学ぶことができます。

年齢に関係なく求められるのは情報の収集、情報の取捨選択、既存情報との統合、状況に応じた対応策の決定、実践、その評価反省、このサイクルを滞りなく回す能力です。豊かな経験と多様な情報をもつ高齢者の方が、この点では長けています。高齢者との協働のなかで若年者が学ぶことは多々あります。それには世代間のつながりや共生の機会を数多く設けること、情緒的充足感の得られる親しく気の合った人たちとの新たな出会いの場を設《しつら》えることも大事です。

## 8　男女共同参画社会を生きる

「男女共同参画社会」が提唱されて十数年を閲《けみ》します。二〇二〇年に、国の主要な分野で活躍する女性リーダーの比率を三〇％（現在は一〇％程度）にしようというのが当面の目標です。

問題は数ではありません。むしろ、男性性原理が支配している現在の日本社会が抱え込んでいるさまざまな問題点を、客観的・具体的に摘出してそれを乗り越える、男女性差のない新たな人間性原理に立脚した社会をどう実現するかというところまでいって、はじめて歴史的に意味ある提唱となります。

その際、既往の男性性原理を突き崩すに新たな原理として提示されるのが「生命論パラダイム」です。男性性原理が主として立脚するのは「機械論パラダイム」です。〈全体はそれを構成する部分要素に還元できる、その部分要素を再び組み合わせればもとの全体を回復することができる〉というのがその原理です。それに対して「生命論パラダイム」は〈全体は部分に分割できない、部分は全体を含んでおり、部分と全体とは互いに相互作用しつつ互いに相手を生成し合っており、両者はトータルに、しかもその生成プロセスにおいてとらるよりほかない〉とします。この生命論的立場は「機械論的・制度論的枠組みのなかで生きている男性性」よりは「〝いのち〟を産み育てる性である女性性」の方により近しい考え方といえます。果たしていまの女性にそれを引き受けるだけの覚悟があるかどうかは別にしてそういうことです。

参考までに、リーダーシップについてこれまでになされた定義のうち最も古典的と思われるものを、以下二つ掲げておきます。いずれも性差は関係ありません。

一つはドラッカーです。「リーダーシップとは、人を引きつける個性ではない。人に影響を与えることでもない。リーダーシップとは、人間の視点を高め、成果の基準を上げさせ、人間の人格をして通常の制約を超えさせるものである」。

いま一つはミンツバーグです。「リーダーシップとは、指導や強制ではなく、人間の力の最高の資質を引き出し、そのレベルを引き上げるのを援助することによって、人をして挑戦に直面させ、価値観を修正させ、視点を変えさせ、それによって新たな行動様式を生み出すように促すプロセスである」。

いずれも焦点はむしろフォロアーに当てられています。リーダーシップとは、端的にフォロアーシップをどう育て、調達するかの工夫なのです。これはむしろ女性リーダーこそ相応しいあり方です。にも関わらず、いろいろの調査によれば女性でリーダーを志向する人は男性に比べて非常に少ないようです。それは女性が消極的というより、自分がなりたいリーダー像を具体的に描きにくい、そのためのロール・モデルが自分の周囲に見当たらない、出産や育児など人生の重要な時期にキャリアを継続できるだけの諸条件が整っていない、などが原因と思われます。

リーダーになること自体はそれほど難しいことではありません。考えようによっては「生命論パラダイム」に、より親和的な女性の方がこれからのリーダーには相応しいともいえます。必要なのは条件整備の方です。

女性リーダーを積極的に育てるには、企業サイドにも相応の努力が要ります。たとえば、女性の視点・センスを生かしたビジネスモデルを開発すること、それに合わせて、プロダクト・イノベーション、プロセス・イノベーションを進めることなどです。現にそれを行っている企業の業績は相対的に良好のようです。あるいは、女性のライフステージに応じて働き方を弾力的に転換できる人事制度を導入することです。働き方に関する個人の選択が尊重される会社では従業員の意欲は向上し、多様な人材それ自体が企業の強みになります。

社会の方にもやるべきことがたくさんあります。雇用の流動性を高めて女性が活躍しやすい可能性をよりいっそう大きく開くことです。それには、税制（配偶者控除のあり方など）の見直し、あるいは正規・非正規の壁を取り払い、あるいは壁を低くして両者の間の不均衡待遇を改めることなども必要です。女性キャリア開発のため大学教育レベルでのキャリア教育の充実も必要です。もちろん、育児・保育支援体制も必要です。

男性・女性双方の意識改革も求められます。「家族に優しい働き方」の推進です。男性の家庭責任の分担（たとえば、育児時間では、妻は夫の四、五倍の時間を使っています。日本男性の家事手伝率は世界最低水準（「まったく」、または「ほとんど」家事を手伝わない夫は我が国が七二％、ちなみに、イタリア五〇％、フランス四四％、アメリカ三四％、北欧諸国三一％、インド二九％）です（『ダイバーシティと女性活躍の推進―グローバル時代の人材戦略』〈経済産業省〉を参照）。伝統的な男女の役割分担意識の見直しが求められます。

男女共同参画社会（による弾力的で柔軟な雇用形態の）進展によって「時間内で働くこと」、「短時間で成果を上げること」、「工夫してやり方を変えること」などが進み、それは組織風土の変革、生産性の向上につながります。顧客満足度も向上します。男性のモチベイションも向上します。管理職の意識転換も図れます。そうなれば女性が活躍する分野もおのずと拡張されます。それに対応した新たな商品やサービスもいま以上に開発されるようになります。

多様な人材を束ねて事業戦略上の目標に向かってパフォーマンスを最大化するためのマネジメントは、同質集団を対象とする従来のマネジメントに比べ、はるかに高度なものです。それにはこれまでの管理職層の「慣性」は断ち切られねばなりません。トップの決断と継続的な取り組みも欠かせません。

生命論パラダイムと男女共同参画社会との関係について付言します。

生命論パラダイムの基本原理は、〈個（部分）の創発的揺らぎが合生されて全体が自己組織的に秩序づけられ、全体が秩序づけられることで個（部分）はそれぞれの位置情報を得てその役割特性が定まり、こうして個（部分）と全体とは統一的生成体へと相補・相依的に抱握されていく、この合生と抱握のダイナミクスによって生命体は自らの存在を持続的に把持することができる〉とするところにあります。企業組織も人間社会も生きた生命体としてこの原理で動いています。男女共同参画社会を真に実現するためには、企業と社会の両方で、この「合生と抱握のダイナミクス」が十全に機能していることが必要です。「合生」とは多様性の合生です。男性はいってみれば機械論パラダイムに適合しやすい機能的・制度的存在ですから、企業にとってそれを規範的に秩序づけるのは比較的容易ですが、女性は出産や育児・保育などにキャリア形成の大事な時期に多くの時間と労力を割かれるために、その生涯にわたる勤労形態はどうしても多様にならざるを得ません。したがって、女性に対しては規範的秩序づけよりも、その多様性の合生的抱握をどう実現するかが企業にとって（社会にとっても）中心課題となります。企業は男女共同参画を実現していくなかで多様性の合生的抱握というこの課業に習熟していくこととなります。そして、それによって、他社から転入してくる中途入社者、あるいは特別な処遇を必要とする特殊技能専門職社員、社外からの出向者、外国人、障害者、あるいは非正規雇用の周縁労働者、等々の多様な人材を合生的に抱握することにも習熟していきます。そうなれば企業における男女共同参画の実現はそれに止まらず社会全体のダイバーシティを高めその生命的活性を勁《つよ》めていくインパクトにもなります。

ここには、生命論パラダイムによって企業組織が脱構築的に再編成されていくなかで男女共同参画社会が実現し、つれて、男女を問わず各人の多様な生き方が尊重される文化が醸成され、それを通して企業もまた自らを生命論的により頑健に再構成していき、それがまた男女共同参画社会をよりいっそう強靭に進展させていき、豊かな多様性社会がさらに成熟していくという弁証法的な相互生成的循環があります。男女共同参画社会の実現は、生命論パラダイム的観点から見てこのような歴史的意味のある課業なのです。

## 9 「女性性」を生きる

男女共同参画社会では、「働き方」一般について生命論パラダイムの観点から新たな照射が加えられることでこれまでにない創発的な革新がもたらされます。特に、ヒトにおける「女性性」のもつ意味に根底的変化がもたらされます。

もともと「働く」ことにおいて、女性と男性の間に性差をもとにした人間的差別があってはなりません。あり得るのは人格的に対等な人間同士の役割分担をベースにした相補的協働関係だけです。しかしながら、近代になって抽象的なヒト、つまり「労働力」としてのヒトを登場させたことで、かえってそこに「労働力の発揮度」という効率性・生産性概念を呼び込むこととなりました。そして、その効率性・生産性概念によって「男というものは……」「女というものは……」のジェンダー差別相が導入される（ないしはいっそう際立たせられる）こととなりました。つまり、近代になって労働量という定量的価値基準を導入することによって逆説的に、かえって性差という定性的差別体制を制度化することとなったのです。

男女共同参画社会は、その人為的に作られたジェンダー差別相を、人間性原理に立脚する平等相へと原点回帰させる新たなチャンスなのです。しかしその成果となると、いまなお「日暮れて途遠し」の域を出ません。わが国の人間開発指数（教育、健康、労働参加などの人間開発面での女性の地位）は一三八か国中一二位で、それほど低いともいえませんが、ジェンダーギャップ指数（政治・経済面で男性に比べて女性の活躍度が相対的に進んでいるかどうか）になると一三四か国中九四位と極めて低位ですし、ジェンダー・エンパワーメント指数（政治・経済の意思決定に参加している度合）で見ても、五四位と振るいません。わかりやすい指標として女性の管理職割合を見ても、わが国では一〇・六％（課長以上になると四・七％にとどまる）に比して、アメリカは四二・七％、他の先進国はいずれも三一％を超えています。その他の指標（たとえば、修士や博士あるいは弁護士や公認会計士のうちの女性比率、医学部や法学部で学ぶ学生における女性比率など）を見ても、わが国の女性進出度は世界の中でかなり見劣りするのが実情です（『ダイバーシティと女性活躍の推進：グローバル時代の人材戦略』〈経済産業省〉を参照）。

では、どうすればよいか、男女を問わず「女性性」を生きるとはどういうことかを自らに問い直してみることです。その際、据えるべき視座が「生命論パラダイム」です。「生命論パラダイム」は、すべてを自己組織性（自己生成性＝オートポイエーシス）、非平衡安定性（恒常性＝ホメオスタシス）、動的相関性（共振性＝シナジェティクス）、および求心性（中核価値求心性＝ストレンジアトラクター）、経路選択性（意思決定性＝セレクター）、経路依存性（歴史性＝ヒステリシス）の諸側面から事象をとらえ直すパラダイム（思考枠組）です。このパラダイムは、そもそも男性性・女性性の区別を含んでいません。男性はより多く「機械論パラダイム」に傾斜しているという側面はあるものの、人間としては等しく性差に関係なく「生命論パラダイム」を生きる存在です。男性にも女性にも、ともに〈男性性・女性性〉の二原理が備わっています。要は、男女共々、一致共同して、これまで「機械論パラダイム」＝男性性原理に傾斜しすぎていた振り子を、本来のあるべき「生命論パラダイム」＝人間性原理へと連れ戻そうということです。そして、その振り子を、元へ戻す際のパワーの担い手になるのが「女性性を生きる」存在たちということなのです。そういう生命論的視点をもって現実に対処するなら、そこから対等な人間同士の間の相補的役割分担・協働関係の新しいあり方も見えてくるはずです。そこで主題化されるのは、性差を超えた「個的人間の自由」をいかに（さらに）賦活するか、「個的自由」をいかに（自律自生的に）「全体的秩序」へと束ねるかの問題系です。そこに見えてくるのは一言で要約するなら、「すべて物事は多数の要素が複雑・多様に相互作用する複雑系であり、個々の要素はそれらをはるかに超えたスケールで自己組織化しつつある全体的プロセスの自己表現にほかならない」という〝いのち〟のハタラキの原風景です。そこでは、個のハタラキはたとえどんなに小さな揺らぎであっても、それはシステム全体のハタラキの表現であり、逆からいえば、だからこそそれは構造自体を大きく変化させることもできるという発想につながります。

これまで男性原理で作られてきた社会システムに、女性が男性と対等の資格で参加しようという発想にとどまるなら、それは依然として二十世紀的（機械論パラダイム的）枠組みの範囲内の発想であって、その埒外に一歩も出るものではありません。それではかえって男性原理に取り込まれるだけ、下手をすればそれへの荷担とさえなりかねません。

男女性差を超えた新しい人間学が目指すべきは、「生命論的パラダイム」によって、人間社会にいわば文明史的転換をもたらすことでなければなりません。端的にいって、その尖兵の役割を担うのが「女性性」原理だということです。

具体的には次のようなことが問題となります。非正規雇用に偏る雇用形態の是正、正規雇用の法制化、ワーク・ライフ・バランスが達成可能な「家族・子育てにやさしい企業」文化の推進、官・民・学の協力による多様性に適合的な人材フロンティアのさらなる開発、組織のダイバーシティのいっそうの促進、そのために企業における職務・職位・職階・職級制の見直しとその弾力的運用、ワーク・ライフ・バランスのための勤務形態の見直しとその柔軟な運用、ライフステージに応じた多様で弾力的な人事制度、リーダーシップ改革、マネジメント力向上のための職場風土の改革、等々です。それには、社会における男性の働き方の改革、男性の意識改革（機械論パラダイムによる画一的・固定的・権力志向的意識の、生命論パラダイムによる弾力的で柔軟な共同生成的意識への変革）も必要です。社会システムとしても、結婚・出産・子育て支援サービスの充実、労働市場の流動化、ソーシャルビジネス等の新分野における起業家支援、差異は尊重するが差別は断固排除するグローバルに開かれた文化の醸成、等々も求められます。「女性性を生きる」ことの意味論的射程はそこまで伸びています。そこでは改めて「良妻賢母」の現代的意味が問い直されることとなります。（《補論》現代の「良妻賢母」を参照）。

## 《補論》 現代の「良妻賢母」

いまふたたび「良妻賢母」が見直されています。日本だけでなく世界でもそうです。女性が保守化しているからではありません。世間（男性）が女性を家庭に追い返そうとしているわけでもありません。「良妻賢母」の積極的意味が改めて見直されているのです。

大妻学院の創立者である大妻コタカは戦前・戦中・戦後を通して一貫して「良妻賢母」教育の旗を掲げ続けました。いまでも、大妻学院といえば世間は「良妻賢母の大妻」と直ちに納得します。

大妻コタカの「良妻賢母」論は、世間一般のいわゆる内助の功に専念するだけの「良妻賢母」とは違います。家庭婦人である前に、「まずは自立して自活できる実技実学をそなえた有職の婦人であれ」ということであり、「子女の教育においては母親こそが父親に勝る天性の教育者であることを自覚せよ」ということであり、「夫が世間に出て後顧の憂いなく仕事ができるのは妻のケアとサポートがあるからだ」ということです。コタカはそれを「母性の涵養《かんよう》」という教育理念にまとめます。ここにはすでに「男女共同参画社会」「少子高齢化問題」「ワーク・ライフ・バランス」などの今日的課題が先取りされています。

人間はみな、生きている限りは健康で美しく、しかも活き活きと世間に関わって生きていきたいと思っています。そして、何らかの形で世の中に貢献したい、できるなら自分がこの世に生きた証しを何らかの形で後生に伝えられたら、とも願って生きています。その思いや願いは男女を問わず共通ですが、その潜勢的可能性という点では、見方によっては（〝いのち〟をつなぐのは「母性」という一点において）女性は男性より優位な立場にいるともいえます。

母性とは「潜勢的可能性」そのものです。母性はいつもは「おくゆかしく」潜勢態のまま、未発のマグマとして女性の内に蓄えられていますが、いったん何事かに触発されれば、それは決意と勇気を伴って一挙に「はげしく」現動態へと転ぜられます。いざというときのこの「母の強さ」は、古今東西すべての人類に共通です。ドナルド・キーン氏はいっています。「明治三七年に写った大妻コタカの二〇歳の姿は美しい大和撫子を思わせる姿だが、丁寧に顔を見ると、必要なら決意もでき勇気も出せる日本の母の原像が見える」と。

男性性（マスキュリニティ）は、どちらかといえば〝制度〟です。〝制度〟を支える理論的枠組みは「機械論パラダイム」です。〈全体は部分要素に還元可能であり、その要素を齟齬なく組み立て直せばふたたびもとの十全な全体が回復する〉というのがその拠って立つパラダイムです。したがって男性の生き方の根底には「要素として過誤ないように」という自己保身的・自己防衛的心情が、いつもどこかで、いくぶんかは働いています。これに対し、女性性（フェミニティ）は〝いのち〟がそうであるように〈全体は部分を含み、部分は全体を含んでいて両者は相互生成し合う統合的なプロセスであって、全体と部分を分けて考えることはできない〉という「生命論パラダイム」に拠っています。したがって、女性の生き方の根底には〈生成するプロセスに対して自分は開かれている〉という自覚があります。そこには、生成プロセスの中で「自分は主体的役割を担うことができる」という自負もあります。さらにその奥底には、「母性」がそうであるように、「自らを進んで犠牲に供することも厭わないとする自己供犠的精神」もあります。それはたくましさ、自信の源泉でもあります。

「機械論パラダイム」は「ものづくり」の世界ではいまなお十分に機能しています。しかし、その行き詰まりも自然環境問題をもち出すまでもなく、すでにあちこちで露呈しています。それに対して「生命論パラダイム」は、少子高齢化に伴う介護・看護問題やワーク・ライフ・バランス問題をはじめ、グローバル化に伴う多様性社会への対処という点でも、企業経営の現場ではもちろん、社会のあらゆる場面で、いまや支配的なパラダイムとなりつつあります。現代の「良妻賢母」論が拠って立つのがこの「生命論パラダイム」です。広く日常生活の諸局面でそれがどういう意味合いをもって、どのように機能しているのか、今後の展望も含めて、以下で検討することとします。

## 1、家族・家庭の主宰者

「生命論パラダイム」を生きる「母性」「女性性」「良妻賢母」にとって、最も親和的な圏域は家族・家庭です。

「家族」とは特別に親密な者同士が時空を超えて互いにつながる〈〃いのち〃の絆〉です。「家庭」とは生活圏を共有する者たちが安らぎを求めて互いに共創する〈〃生活〃の場〉です。〃いのち〃と〃生活〃はさまざまに重なり合い、〈絆〉と〈場〉も多様に綯《あざな》い合わされますが、以下では煩雑を避けるため、「家族」の表記をもって「家族・家庭」をワンセットで考えることとします。

「家族」がこの世に存在する次元には三つの階層次元があります。表層（これを〈形式次元〉と呼びます）は日常の生活局面です。そこでは「家族物語」が編纂され「家族劇」（ケの日常）が演じられます。深層（これを〈暗黙次元〉と呼びます）では「家族祭祀」（ハレの祭事）が営まれます。この日常（形式次元）と深層（暗黙次元）の中間に開かれるのが〈明示次元〉です。そこで演じられ営まれるのが「家族祝祭」（ハレでありつつケでもあるような、互いに〈生きる悦び〉の絆を確認し合う生活空間）です。以下、それぞれについて順に見ていくこととします。

## （1）家族物語の編纂（形式次元）

〈自分にとっての相手の意味を知覚でき、相手にとっての自分のもつ意味を知覚できる、そのような形で知覚される自己〉、それがインターパーソナルセルフ（関係的自立存在としての自己）ですが、そのインターパーソナルセルフが訓練される最初の場が家族です。母親がその訓練者の役割を最初に担います。

赤ちゃんのときからその訓練は始まります。赤ちゃんは母親の眼差しや微笑みや発声や身体運動を知覚することで〈それらを招来した能動的な主体としての自己を直接に知覚〉するといわれます（自立的関係存在としての自己の萌芽的自覚）。その関係性と自立性の相関のなかから家族物語編纂の第一ページが始まります。

家族物語の編纂においては、その根底に保育力・育児力・教育力、それを支える財政力など、確かな家族力（家政学的生活基盤構築力）がなければなりません。それら家族力は時空間的にさまざまな制約によって条件づけられますが、その制約条件を踏まえた上で、人は何とか自分にふさわしい生活設計をつど立てながら、それぞれの家族物語を編纂していきます。それには夫も妻も積極的かつ主体的に参画します。「男女共同参画社会」の提唱には、その家族力の共同涵養（家政学的生活基盤の共同構築）も含まれます。

家族物語にもライフサイクルがあります。時空的推移に応じてシナリオ（筋書き）も書き変えられますし、プロット（物語局面）の展開も多様に変化します。親子関係、祖父母・孫関係、オジ・オバ・イトコ関係などもさまざまに変化します。そのなかで家族メンバーそれぞれの役割も、その相互関係も微妙に変化します。それらのなかで家族物語をどのように多様に豊かに編纂していくかが、いまわれわれに共通に投げかけられている課題です。これらをすべて織り込んで時空間的に調和のとれた家族劇が演じられるために欠かせないのは〝愛〟です。それさえあるならば、家族はどのような状況変化に対しても共時的・通時的に柔軟に即応しつつ、つねに恒常的安定性をもって対処することができます。そこでは男性（父性）と女性（母性）はともに対等の主役です。愛を基調とする家族物語のメインテーマは、いつの時代も〈母と子〉、〈父と子〉です。それ以外がテーマになることはあっても多くの場合それは外挿されたサブテーマでしかなく、それがメインテーマになるときは家族劇は往々にして悲劇的様相を帯びてきます。

## （2）家族祭祀の場を開く（暗黙次元）

人は暗黙次元そのものには立ち入れません。暗黙次元が明示次元へと裂開するその境で、人は霊性的な何かに触れます。家族が営む先祖祭祀はその境における霊性性の喚び起こしです。読経（題目・称名）であれ祝詞（神道）であれ、コトバによって喚び起こされるのは「言霊」としての先祖霊です。先祖霊は宇宙リズムと共振し、宇宙リズムは言霊となってその者の心と響応します。それによって、家族の意識は情緒共同体的な内部世界に向かって沈められ、内的に統一されていきます。こうして、祭祀空間の中で家族メンバーは情緒的に統一され、深層における自己意識、つまり心的自由に達することができ、より高い共同体の一員として新たに立ち現れ、自己実現の道へと旅立つことができるようになります。それが可能なのは、宇宙摂動のリズムが家族の情緒を美的に規整し統一するパターンとして働くからです。それがよりよき諧調と完全さへのわれわれの望みを充たすからです。それは、より高次の共同体の一員として、自分が他の家族メンバーとともに平等に高まることを保証する宇宙リズムのなせるわざです。

家族、そこで執行される一場の祭祀、そこには豊穣な言葉と多彩な身体振る舞いの交響があります。執り行われる祭祀の場では、言葉は宇宙リズムと共鳴し、身体振る舞いは宇宙リズムと共振します。そこから先祖霊につながる神話も新たに紡がれます。家族物語の新たな一章がそこから始まります。

こうして祭祀の場としての家族は、人間の共同体的本質への帰還がいつでも可能な場所となります。そこは人間本性と環境との矛盾を一挙に止揚する、日常意識下の集団的・原初的世界であり、少なくともそこには制度的時間（「機械論パラダイム」が通用する世界）とは違った時間（「生命論パラダイム」が生きている時間）が流れています。そこは〝いのち〟を支えつなぐ宇宙エネルギー空間です。

家族はかつてそうであったばかりでなくいまもこのように先祖祭祀が営まれる場（であるべき）です。問題は、豊穣な〈言霊の幸《さき》わう宇宙〉をそこにどうやって喚び戻すかです。それができるのは昔もいまも変わらず〝いのち〟をつなぐ性（「生命論パラダイム」を生きる性）である母性（女性性）です。待たれるのは〈言霊の祭祀者〉である「母なる存在」の再登場です。現代の「良妻賢母」には改めてこのような祭祀空間の主宰者たるべき役割が求められています。

私事になって恐縮ですが、「祭祀空間の主宰者」とはどういう存在かについて補足させて頂きます。大学を出て銀行に就職したとき、それまで育ててくれた感謝の気持ちを込めて、私は初月給の一部を給与明細の入った給与袋ごと母に送りました。後年、母が亡くなったとき、母が毎朝夕に手を合わせていた神棚のなかを整理しておりましたところ、神社のお札に混じって私が贈った給料袋が五十数年前そのままに出てきました。中のお金には一円も手がつけられていませんでした。毎朝夕、私の健康と職場で大きな過ちを犯して会社に迷惑を掛けることのないよう、職場のみなさんから嫌われることのないよう、祈ってくれていたに違いありません。ここでいう「家族祭祀の主宰者」とはそういう世間一般の母親たちのことです。

## (3) 家族祝祭の空間を開く(明示次元)

暗黙次元と形式次元の中間に開かれるのが明示次元です。そこは〈コトバが幸《さき》わう祝祭空間〉です。祭祀が「祈り」だとするなら祝祭は文字通り「祭り」です。そこは〈言霊〉が〈コトバ(身振りも含めて)〉となって姿を見せる次元です。〈言霊〉は感覚や経験の日常性がすべて脱色されたシンボル言語ですから、それが日常の次元で感受されるためには(いいかえれば、日常の次元に霊性性を喚起する力であり得るためには)、それを感受する者に意味や感情の内的な呼応を喚び起こすことのできる〈コトバ〉へとそれは変換されねばなりません。祭式がそのための仕掛けです。祭式は宇宙的秩序の感覚を呼び覚まし、現実を幻想的にリプレゼント(再現的に先取り)することで困難な(あるいは惨めな)日常を超えて自由を取り戻させるハタラキをします。その祭式のなかで〈コトバ〉は自然と共感し、自然を共振させ、律動的に生きてハタラキます。

〈コトバの幸わう祝祭空間〉では、家族はみなそのシナリオライターであり、演出者であり、演技者です。あるかも知れない対立もそこでは未然に調和され、克服されます。そこには、やすらぎ、くつろぎ、共感、精神的融和・浄化、悦楽、自然の豊穣があります。そこは新しい生命の蘇りの場所です。つどアドホックに詩劇が演じられる悦ばしい劇場空間です。

人はいつかは親密な祭祀空間〈暗黙次元〉・祝祭空間〈明示次元〉から身を引き離して、より大きな物語世界〈形式次元〉へと出立しなければなりません。そこに待ち受けているのは矛盾や葛藤が劇的に入り乱れる緊張世界です。そこには祭祀・祝祭空間はもはや期待すべくもありません。人は「望郷のうた」を支えにして〈暗黙次元の祭祀空間を思い描きながら、あるいは明示次元の祝祭空間の思い出を紡ぎ直しながら〉波浪の世間を生きていく〈形式次元の世界を開鑿していく〉しかありません。「うた」を失った者は故郷喪失の流浪の民になるしかありません。思い出の家郷〈かっての祭祀・祝祭空間〉は母が歌ってくれた「うた」で充たされています。

現実には、いまだに制度化された〈しかし隠蔽された〉家父長制的支配の中にある家族も多いかもしれません。家父長制が依拠するのは「機械論パラダイム」です。男女共同参画政策、少子高齢化対策、ワーク・ライフ・バランス、社会的ケアシステムなどによっていまそれが揺るがされています。そこに求められるのは魂の解発〈自由なる自己への覚醒〉です。そこに登場してくるのが、精神のノマド、魂のフリーターです。彼〈女〉らを支えるのが「生命論パラダイム」です。それに拠ることではじめて「機械論パラダイム」が強いる〈形式への操作的服従〈人間疎外〉〉に対して真正面から〝ノー〟を突きつけることができます。

家族・家庭はいつも・すでに〝いのち〟の絆を確認し合うことができる原初的な〈言霊の賑わう祭祀空間・祝祭空間〉であるべきです。それが昨今では無機的な人工的システムに呑み込まれようとしています。そこをふたたび精神のノマド、魂のフリーターたちの源境に帰すことができるかどうかがいま問われています。

そこが女性性〈母性〉の出番です。女性性〈母性〉こそは、世間の中にあって誠実・真卒に生きながら、身を鴻毛の軽きにおく自己犠牲すら敢えて辞さない生き方、それでいて自己の存在の中心は決して見失わない、そういう真に自由な生き方ができる性だからです。

（4）「良妻賢母」「母性」の未来像

いま求められているのは、自然との心的交流の回復者、古き良き精神文化の体現者、言霊の祭祀者・祝祭者としての新たな「母なる存在」の復活です。〈言葉の象徴機能を高度に発揮する、精神的体験や精神世界の雰囲気を表徴〉するような「母なるコトバ」、日常の生活世界に〈霊性的生命力を吹き込む、霊界と現実界を結ぶ〉ような「心のコトバ」の復活・創出です。

大妻コタカにとってそのコトバは『観音経』でした。大妻良馬にとっては、それは「霊界の共同建設者としての万世一系の天皇」が下された『詔勅』でした。しかし、霊性性の希釈された現代を生きるわれわれにとって「母なるコトバ」「心のコトバ」に何があるでしょうか、誰にとっても共通するのはそれはただ一つ、「おかあさん」という呼びかけではなでしょうか。苦しいとき、辛いとき、切羽詰まったとき呼びかけるのは、『観音経』ならば「念彼観音力」（「観音力を念ぜよ」「観音に呼びかけよ」）に相当するのは、それは「おかあさん」しかないでしょう。

## 2、生活美学の創成者

「良妻賢母」は外へ出て働くだけでなく、内に籠って家事を宰領するだけでもなく、両方をこなしながら自分を取り巻く生活空間を美しく創生（装飾）します。住まいを美しく飾り、生活を美しくデザ

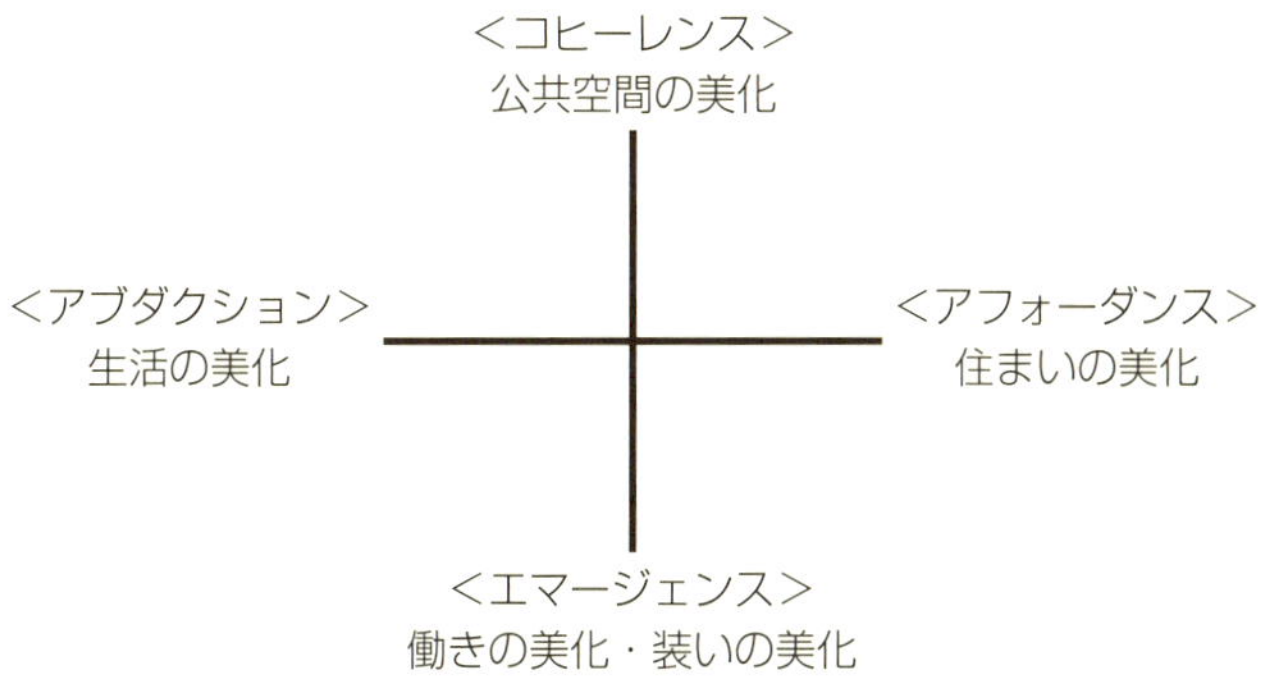


インし、自らの働きを美しくプロデュースし、自らを美しく装います。そして、美しい公共空間の創生に率先して協力します。男性性は能率や効率、目標や成果にこだわりますが、女性性はむしろプロセスを大事にします。成果や効率よりも、そこに至るまでの支援や学習、信頼や理解に重きを置きます。

生活空間の美化について図解すれば上図のようになります。

〈アフォーダンス〉……環境条件を味方にする＝「住まいの美化」
〈アブダクション〉……環境条件を整える＝「生活の美化」
〈エマージェンス〉……創発的意欲を喚起する＝「働きの美化」「装いの美化」
〈コヒーレンス〉……創発的意欲を束ねる＝「公共空間の美化」

アフォーダンス・アブダクション・エマージェンス・コヒーレンスは、いずれも「生命論パラダイム」を成り立たせる四つのキーワードです。

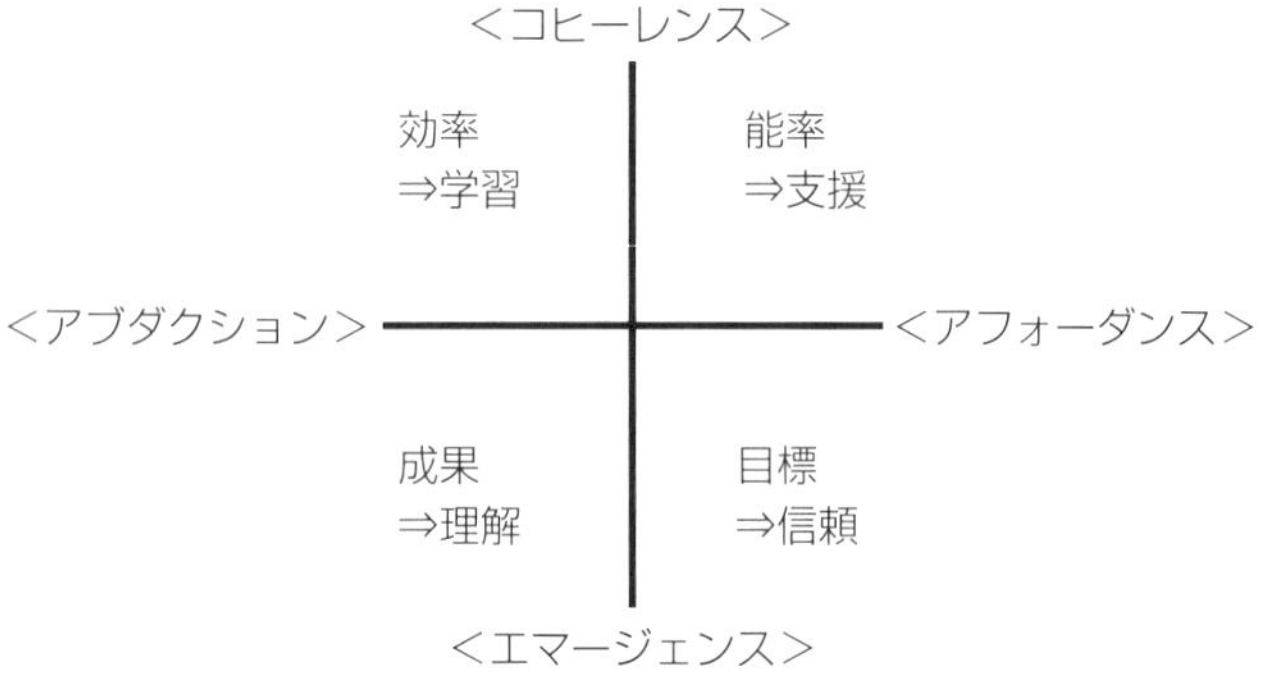


参考までに男性性と女性性の対比を図解すれば上図のようになります。能率・効率・目標・成果は男性性を、支援・学習・信頼・理解は女性性を表徴します。

「生命論パラダイム」では、能率の追求に代えて相互支援が、効率の追求に代えて相互学習が、目標の追求に代えて相互信頼が、成果の追求に代えて相互理解が、それぞれキーワードとなります。支援・学習・信頼・理解いずれも「母性」の表徴です。

以下では、「生命論パラダイム」の観点から、ということは「母性の涵養」の視点から、〈住まい、生活、働き、公共〉の美化についてそれぞれ見ていくこととします。

### (1) 住まいの美化

「住まう」とはどういうことか、住宅をどう手配するかではありません。家族が集まる場所を確保し、楽しい思い出を紡ぐ団欒の舞台を設え、家族が自立して近隣や地域とうまく関係を取り結ぶ拠点をどう築くかの問題です。慣れ親しまれる環境、快適さや安心感の源泉、それが「住まい」です。住宅、家具調度〈美しい器など「住まい」の舞台装置）に囲まれて、おいしくものを食し、ゆったりとお茶を飲み、就寝し、寛《くつろ》いだ楽しい気持ちになりたいという「住まい」へ希求はすべての人間に共通です。

人間が、環境の情報を受容し選択する膜、つまり広義の皮膚（化粧や衣装もそこに含まれます）で囲まれた有機体だとするなら、「住まい」もまた家族を内外有機的につなぐ「皮膜」として機能します。地球が大気という皮膜で境界づけられた「ガイア」であるのと同様に、住まいは家族を境界づける一個の生命圏です。住まうことは、化粧すること、装うこと、装飾すること、生活をデザインすること、環境をデザインすることと並んで「生きること」それ自体なのです。

生活環境デザインは、インテリアデザインから絵画などによる壁面装飾、日常目にするグラフィックデザイン、あるいは作庭・園芸に至るまで、さらには都市や地域環境のデザインも含めて、生活環境の境界をどうデザインするか（旅行、観光もその重要な一部です）の知恵と工夫であり、住まい方そのもの（およびその意識）の造形表現であり、総合的な空間装飾です。すべては身を、さらには生をエロス化する美的装置です。

つまり、生活環境デザインとは生活の美的再編成プロセスです。複数の制作者同士の間の、それら制作者と多数の受容者との間の、多重に相互作用し合う、束縛からの解放を目指す共同作業であり、知恵に覚醒するプロセスであり、環境や暮らしの本質を考える生活の思想であり、未来環境を創生していく意志です。

しかしながら、電子テクノロジーの発展を背景にした広告などの情報操作によって、人間社会は均質化・画一化・統一化へと再編成されていきます。思考や認識のあり方、知識や技術までもが同じ情報様式に還元されていきます。そこに「生活環境デザイン」思想・意志をもって、生きた人間を復活させるのが「生活総合美学」（身装文化、装飾文化、居住文化、共同体文化、地域文化、観光文化などの美的総合）です。

では、具体的にどうするか、生活環境を美的にどうリデザインしていくか、それがいまわれわれに問われている課題です。その際、参考になるのはわが国の装飾文化です。

一つは、簡素の美学です。装飾性を極限まで削ぎ落とした「飾らない飾り」、それによってかえってそこを美の小宇宙に変えるのです。日本料理の特徴に一つに「見立ての粋」がありますが、極微の世界に大自然を再現する「なぞらえ」です。立花や、茶室の「しつらえ」もその典型です。宇宙の「しずけさ」がそこにあります。そこでは身体の「ふるまい」、住まいの「たたずまい」、亭主の「もてなし」はすべてひとつにつながっています。

いま一つは、日本的な「ふるまい」の文化です。たとえば「折りと包み」の文化です（『形の日本美』三井秀樹〈NHKブックス〉）。端正に折り目正しく、ゆるやかにふんわりと、相手を包み込む文化です。そこには「しつらい」と「もてなし」の気持ちが籠められています。そこにはわが国独特の伝統美が息づいています。

いま一つは、日本的な「非対象と余白」、「動的構図」、「視点の自由」の文化です。家屋内を移動し、庭園を散策する（観光旅行をする）につれて新たな視点が開かれ、新たな発見がある、そこに精神的・情緒的安らぎを覚える文化です。住まいは「容れもの」ではありますが、「容」には硬直化・形式化とは対極の、静寂にして動的な「かた」があります。そこには小宇宙としての身体宇宙を包む大自然の豊かさがあります。

「美容」も身体を包む宇宙の創生ですから、それも含めて考えますと、「住まいの美学」は、美しく化粧する、飾る、住まう、よそう、ふるまう、しつらえる、もてなす、そして生活をデザインする、など一連の「身体総合美学」「生活総合美学」と一つながりに連なっています。要するに、デザインとは「しつらい」であり、「生活の美化」です。新たな生活文化の創造であり、「生活美学」の創生です。心配りで空間に生気を生み出すことであり、身体振る舞いを介して空間を生きやすくデザインすることです。女性（母性）が主としてそれを担います。

## （2）生活の美化

「生活美学」の根底には「健康美学」があります。「健康美学」は食に始まります。端的に、三食バランスよく摂ることです。動物性タンパク質、油脂類、多種類の緑黄野菜、豆類、酢、海藻、香味野菜、果物などを、和風・中華・洋風など、さまざまに趣向を変えながらおいしく食することです。食はただ食物を摂食すればよいのではありません。これにさらに食卓を囲む団欒が加わります。食は生活美学の基礎であり、食事は身体美学の極致です。そして、その主宰者はいつも・すでに母親・主婦です。

食と並んで「生活美学」のもう一方の極に手工芸（裁縫／手芸などの手作業を含む）があります。ウイリアム・モリスは「時代が求めるものは、大衆が生活の中で使用し鑑賞できる応用美術の新しいデザイン」だとしました。「日々の労働が日々の芸術創造」であるような、「労働における人間の喜び」が「制作者と使用者にとっての幸福」であるような、そういう応用美術を目指しました。工人の「手」を礼賛しました。構想する人（デザイナー）と制作する人（クラフトマン）が一人の人間のなかにいるという手工芸の条件を大切にしました。素材や材質と交歓する、過度の整然さを要求しない、作品は材質に沿ったものであること、高度な仕上げが自己目的化しないこと、自然と様式とのバランス、自然の稠密さと濃度を保つこと、がそこでは目指されます。力強い動感、曲線、成長、不断の変化、予測不能な運動のプロセス、物質の人工化と自然性の境にとどまり、物質の神秘性を研磨する技、それが日本の手工芸美術です。同時に、そこは日常と非日常の結界としての意味も籠められています。

日本の手工芸品、装飾工芸美術品は日常生活に身近な生活美術です。高潔でしかも親しみやすさがその特徴です。繊細さと剛毅さが対立しながら美意識によって止揚されています。化粧、衣装、装飾、作法、住まい、すべてにそれは通底します。目指されるのは「生活の芸術化」「芸術の生活化」です。用に忠実、技術を生かす、材料の性質を活かす、手づくり、廉価、和と用の美、生活を楽しむこと、豊かな感受性を育むこと、豊かな想像力を生かすこと、自然と調和的に生きる術を見出すこと、高い創造力を生み出すこと、そこに「生活美学」の要訣があります。

「生活美学」の体験には作庭・園芸・旅行などの身体動作もたいせつな要素です。手工芸と違って作庭・園芸・旅行は全身体的に直に自然と交流を行うことに特徴があります。身体は人間にとって自然環境そのものです。自然の中に身を溶け込ませてはじめて人は安らぎを覚えます。自然の眺め、植物の生育、土の香り、それらとの融合感に人は気を通わせます。気は広大な海や青空にまでおよびます。そうして自然の贈与を素直に受け入れます。（いまでは、「生活美学」の重要な範疇に〈ビオトープ〉や〈エコ・ツーリング〉、〈森林浴〉なども加えられます）。この悦楽とリクリエーションを同時に達成するのが「生活総合美学」「身体総合美学」です。

「生活総合美学」「身体総合美学」の基層にあるのは、深層意識の地平（暗黙次元）に身を置いて、そこから表層意識の世界（形式次元）を眺めつつ、その表層―深層の両領域（にまたがる明示次元）を身体をもってつなぐ営みです。（食と手工芸、作庭・園芸・旅行をその典型例として挙げました）。そこには深層意識の絶対無分節次元が（身体を介して）千々に分節されて現れます。食事、化粧、衣装、装飾、作法、住まい、作庭・園芸・旅行は深層意識の存在無分節次元（暗黙次元）そのものの身をもっての表象体験だということもできます。それらは単なる手作業ではありません。全身体をもってする「生活美学」の体験です。〝いのち〟の顕現でありその体験です。経験世界の感覚的現実性の奥底にそのような絶対的非現実性の次元空間（暗黙次元）をイマージュ的に垣間見ることができる者こそ「生活美学」の実践者である女性です。垣間見るためにはその異次元へと切り込まねばなりません。その切り口からイマージュが迸《ほとばし》り出ます。食事、化粧、衣装、服飾、手工、作法、園芸、旅行、すべてそうです。自明の風景を引き裂き、自明の慣習を変革し、凍てついた大地にヒビを入れるのです。それは同一性・一般性に抗する賭けです。そして、その破壊に向けられたエネルギーを生産に向けられた生命の力に転換するのです。形式次元から明示次元を介して暗黙次元への回帰、暗黙次元から明示次元を介して形式次元への再回帰、その往復、そこには祈り（祝祭空間の寿《ことほ》ぎ、祭祀空間の開け、物語空間の豊穣）があります。

要するに、「生活美学」とは自分の生活をエコロジカルに組織し直すことです。細やかな気配りが隅々まで行きわたっているような温もりのある日常空間、手にしているものを適切に運用する簡素の美、身体と環境との新たな対話を魅力的に味わう繊細な感受性がそこにあります。現代の「良妻賢母」たちの日常の営みがそうであるようにです。

（3）働きの美化

―ワーク・ライフ・バランス―

ワーク・ライフ・バランスとは、現在の時点でワーク（職業生活）とライフ（私生活）をいかにバランスさせるかだけでなく、生涯の全生活局面にわたってそれをどうバランスさせるかでもなければなりません。自らのワーク履歴を自分のキャリアライフに有意味に結びつけることもその一つです。人生の各ステージでそれを実現していくのです。あらかじめ固定的な目標を定めてそうするのではなく、状況に応じてつど自己編集的に自ら仕事を選択し組織していくのです。女性は現にそれを行っています。

ワーク・ライフ・バランスとは、ワークの網の目を自己編集しながら主体的に生きる（「自立的関係存在」としての）職業人である私が、自らを取り巻くライフの柵のなかでさまざまに自己調停しながら生きる（「関係性的自立存在」としての）生活者である私とどう折り合っていくかです。しかも、それは自己の内部だけの問題ではありません。他者が抱える同じ問題とも和合していなくてはなりません。その他者との間には軋轢があります。その自己内に生きる主対的自己（対自的自己と即自的自己との調停）、他者間に生きる客対的自己（対他的自己と即他的自己との調停）の二重の調停のなかで開かれるのが公共空間（企業も公共空間）です。ワーク・ライフ・バランス問題は公共問題でもあります。（〈主対的自己〉、〈客対的自己〉、等については〈図4〉、〈図8〉、〈図12〉を参照）。

ワークとライフの間でバランスをとる生き方とは、理性と情念の間のバランスをいかにつけるか、理性と情念とをその相互作用によっていかに統御・制御できるかに通じます。理性と情動のこうした結びつきなしには、いかなる公共体も（企業も国家も）存続し得ません。メンバーの情念的認識と共同体理性との相互作用が共同体の集団的論理を重層的に決定します。企業にもそういう公共的集団論理のハタラキがあります。そこには理性と情念が相互作用しながら渦巻いています。理性に導かれた合理的判断と情念に揺さぶられる情動的パッションとが多重に織りなす動的曼荼羅が企業です。つまり、ワーク・ライフ・バランスとは企業とその成員メンバーが共同生成する理性情動複合体の存在様態・行動形態にほかなりません。そこに内属する社員は、その存在様態・行動形態に自己を馴致《じゅんち》させて生きています。しかも、それが公共的正義に適《かな》うかどうかも同時にチェックしながらです。それらの間には緊張があります。そこに登場するのが公共的正義の体現主体をもって任ずる〈理性情念複合主体〉である「公共人」という生き方です。

「公共人」という生き方は単線系思考に偏りがちな「機械論パラダイム」よりも複雑系思考に開かれた「生命論パラダイム」にいっそう親和的です。有職の「良妻賢母」たちが現に行っているのがこのような「公共人」という生き方です。「公共人」とは、情念連鎖と理性（観念）連合とを結びつけるコミュニケーション主体であり、公共空間を変容させようとする諸個人の努力を合致させる触媒者・媒介者です。「公共」とは、そうすることで、そこを自由な民主空間に変え、成員メンバーを悦ばしい共同の生へ向けて変容させていく、そのための内在的な力です。「有職の良妻賢母」の働きには、こうして公共人として民主空間を生きる生き方が含まれます。

## （4）美しい公共空間の創生

「化粧」は「鏡」を通して「あるべき・ありたい自分」との対面であり、鏡の向うにいる「他者、世間、大文字の他者（自然、宇宙、神、仏、祖先、理念など超越的価値観念）」から自分がどう見えているかについての自己内対話です。女性はそれによって「社会的知性」を鍛錬します。「社会的知性」は、人が多重に抱え込んでいる自己内矛盾葛藤（機能的「個」と人格的「個人」、「個」と「組織」、「個人」と「社会」の「間」の矛盾葛藤など）を解く努力を通して鍛錬されます。女性が「社会的知性」に長けているのは、日々の「化粧」鍛錬によるところが大きいとされます（『化粧する脳』茂木健一郎〈集英社新書〉)。

男性は(媒介を通さずに)直に「社会的知性」に向き合い、それを獲得しようとします。いわば、男性の場合は「社会的知性」それ自体が、女性にとっての「化粧」における「鏡」の役割を果たすこととなります。男性のこの「社会的知性という鏡」は、往々にして「イデオロギーという鏡」になりがちです。この「鏡」を通して男性は自分自身と向き合い、社会と向き合い、自己相対化を図ります。女性は生得的に「社会的存在」で〈ある〉のに対して、男性は構成的(後生的)に「社会的存在」と〈なる〉のです。したがって、公共空間の創生には女性の方が適しています。地域に溶け込むには肩書は無縁です。過去の経歴や業績も関係がありません。そういう意味でも、構成的肩書社会を生きてきた男性よりも、過去の行績に左右されない生得的あり方を生きてきた女性の方が、地域創生、地域活性化、公共創生に取り組むのに適しているといえます。

「公共」とは、社会が抱え込んでいる自己内矛盾葛藤(「個人」と地域社会、地域と国、国と世界の「間」の矛盾葛藤など)を解く努力の体系です。もともと「間」の葛藤をより多面的に生きている女性の方が「公共」への向き合い方が柔軟で得意です。男性原理で色濃く染められた現代社会構造を脱構築するには、それになずんでいる男性より女性の方が適しています。かねて「男女共同参画社会」が提唱されていますが、その実現には、女性が「公共」分野へ数多く進出し多面的に「公共」に関わっていくことがまずは捷径《しょうけい》です。企業の中で女性管理職が育つことと並んで女性の「公共」分野での活躍が期待されます。そうすることで「公共」分野を生命論パラダイムで再編成するのです。地域の創発的意欲を盛り上げ、それを生命論的に秩序づけるのです。メンバーを一致協働させ、地域文化を踏まえて、つど最適選択をしながら、地域の安全と福祉を図るのです。その中で、コミュニティビジネス（起業）、コミュニティカフェ（知恵と情報のもち寄り）、ワーカーズコープ（働く者同士の平等な協働）、プロボノ（専門知識や経験・技能を社会貢献のために無償で提供する働き方）などを多様に花開かせるのです。「良妻賢母」たちへの期待はそこにも伸びています。

最後に付言します。公共空間（市町村などの公共団体、企業などの構成的共同体）を秩序づけるための具体的な機序は何かです、企業のようなアソシエーションでは組織内部の「卓越性の位階秩序」がそれを可能にしますが、ＮＰＯなどの構成的共同体にはそういう自生的機序は存在しません。代わって、〈共通善〉や〈博愛〉あるいは〈正義〉といった間主観的な自己認識によって基盤と骨組みが与えられます。いわば〈友情〉〈友愛〉がそのベースにあります。しかしそれは十分条件ではあっても必要条件ではありません。個人と社会の間の強力な紐帯を鍛えあげる媒介のための必要条件は何か、構成的作用力として何を措定するか、それによって、成員それぞれの置かれた状況を平等に内包する公共空間が形成されるような統摂機序は何か、それには、規範的秩序を形成する能力が不断に試され、問い直される永久運動しかありません。そこにあるのは、行為それ自体の構成的な協働のダイナミクスの連関だけです。つまり、公共空間とはつねに編成され、編成替えされ続ける動的ダイナミクスそのものなのです。あるのは、民主主義的コミュニケーションの内部で不断に形成される合意のみです。その合意形成に当たってつねに問い直されるのは「それは美しいか」です。「生活総合美学」

の射程は「美しい公共空間の創生」へと伸びています。そこは多分、男性性よりも女性性（母性）にこそより親しい世界です。

## （5）生きる姿勢の美

「良妻賢母」は生きる構え、備え、姿勢が美しい。その美しさは矛盾・葛藤するもの同士を調停する努力のなかから生まれます。〈機能的個（たとえば職業人として働く自己＝即自的自己）〉と〈人格的個人（たとえば家族宰領者としての自己＝即他的自己）〉の間の矛盾・葛藤、〈組織道理（職場で働く道理）の体現主体（職場の道理を自ら遵守する自己＝対自的自己）〉と〈社会道理（家族が棲みこむ社会の道理）の体現主体（社会の道理に遵《したが》う自己＝対他的自己）〉の間の矛盾・葛藤、〈機能的個と組織道理〉の間の矛盾・葛藤、〈人格的個人と社会道理〉の間の矛盾・葛藤、これらの多重・多様な矛盾・葛藤を調停する努力のなかで「良妻賢母」たちは生きています。その際の調停原理となるのは前にも記しました「それは美しいか」の自問だけです。

女性に比べて、男性は〈機能的個と組織道理〉に傾斜した「会社人間」に著しく傾斜した存在であるために（ということは〈人格的個人と社会道理〉に深く関わる「家族」の側面についてはどちらかといえば女性に任せがちであるために）そこで形成される人格にはいささか偏りが生じがちです。少なくともそういう傾向がこれまではありました。今後は男性も諸々の矛盾・葛藤を自ら引き受け、自ら調停する「統合的自己」を目指さねばなりません。

矛盾・葛藤するもの同士を調停するには「自分は所詮は自分らしくしか生きようがない欠如体」であるとの共通認識をもって、その欠如体同士が互いに「らしく」生きる覚悟をもって、その場に互いの自己を開き直して、それを梃子《てこ》に、何とかそこに相互理解・相互信頼の空間を形成しようとすることが何より大事です。相互理解・相互信頼は、物事の自然の成り行きについて互いが学び合い、教え合うことから生まれます。合意には至らなくてもよい、また失敗の連続であってもよい、それによってしか矛盾・葛藤を調停することはできない、互いが安らぎを得るにはそれしかないことを互いが覚知し合っていることが大事です。問題は、そこからどのようにして美的調和を生み出すかです。

そこが美的調和空間であるためには、そこには何らかの自律的規範化作用が働いていなければなりません。（それはメンバーが互いのエゴをぶつけ合う市場空間とは違います）。それには〈已《や》むに已まれず自ら進んでそうする〉といった一種の「自己供犠精神」のようなものも求められます。それには責任感、義務感も伴いますが、そこにあるのは純粋贈与の観念です。それは本来的に「良妻賢母」たちが生きてきた、そしていまも生きている世界です。

「矛盾・葛藤の調停」は、単なる「調停」ではなく、社会構成的な独創的活動主体（能動的住民）による社会的価値増殖（制度価値産出）のネットワーク創生につながります。こうして「良妻賢母」たちは社会的身体性を回復します。そこにあるのは、自律的協働であり、知的で創造的な活動であり、新たな知的・倫理的エネルギー主体の産出です。正統性の源泉の連続的再創造です。そこにいるのは、体制に自己同一化した無批判的・無自覚的体制派ではなく、いわば非体制派的体制派です。彼

〈女〉らは体制に揺らぎを与え、そこを活性化します。それによって、体制は新たな活力を備給され、新たな形態へと自己変容する可能性が開かれます。それによって「良妻賢母」たちは相対的自律性をそなえた自由でかつ秩序づけられた主体となります。

（6）「美」の崩壊の危機

前記の〈対他的自己〉〈即他的自己〉（その間から〈客対的自己〉が生成されます）はどちらかといえば（家庭・家族に軸足を置くという意味で）女性性に、〈対自的自己〉〈即自的自己〉（その間から〈主対的自己〉が生成されます）はどちらかといえば（会社に軸足を置くという意味で）男性性にそれぞれ傾斜しているといえますが、男性も女性も濃淡にそれぞれ差はあれ、多かれ少なかれその両面を併せもって生きています。どちらも蔑《ないがし》ろにしてはならないし、また、それはバランスよく機能していなければなりません。それができているとき人は「統合的自己」を回復し、それを基に自分の周りに美的生活圏を構成することができます。しかし、男性性・女性性が十全に機能せず、また、そのバランスが崩れると、人は人格的不統合（「統合的自己」の失調ないし崩壊）に見舞われることとなり、つれて美的生活圏も崩壊することとなります。そうなると、そこからさまざまな病理が発症します。その機序について以下で見てみます。（本項につては〈図4〉、〈図8〉、〈図12〉を参照）。

① 「男性性」（「主対的自己」）の崩壊・喪失・動揺による病理

「男性性（父性）」は、嬰児が外部「社会」（「従わねばならぬ規範」）を学ぶ最初の機会です。したがって、それを学ぶ機会を十分にもてなかった子どもは、長じて「規範」というものを蔑ろにする人間になりかねません。（「みっともない父」「恥ずかしい父」は子どもにとって規範たり得ません）。「男性性（父性）」を演ずることに疲れた男たちは、いわゆる「草食系男子」「ワシモ族」「濡れ落葉」などに成り下がるしかありません。

一方、女性が自らの内に臓すべきはずの「男性性」を殺してしまえば、「母子癒合」（「子離れできない母親」「母親離れできない子ども」）を生み出しかねません。

② 「女性性」（「客対的自己」）の崩壊・喪失・動揺による病理

「女性性（母性）」は、嬰児が安らぎのなかで自らと他者の関係的世界を認知することができる最初の恵まれた機会です。したがって、そのような機会に十分に恵まれなかった子どもは社会的適応障害や、それから来る情緒不安定や不信感・自己疎外感に苛《さいな》まれる人間になりかねません。

「女性性（母性）」を放棄した女たちは、いわゆる「モンスター母親」になりかねません。

一方、男性が自らの内に臓すべきはずの「女性性」を殺してしまえば、単なる「会社人間」、いわゆる「猛烈社員」に成り下がるしかありません。

③ 「相対的自己」「相即的自己」の崩壊・喪失・動揺による病理

男性性／女性性の間が病めば「相対的自己」「相即的自己」も病みます。そうなりますと「組織道理」にも馴染《なじ》めず、「社会道理」からも疎外されます。また、「機能的個」の役割にも徹し得ず「人格的個人」にも安んじることができなくなります。その結果は〝うつ〟〝ひきこもり〟しかありません。

④　「統合的自己」の崩壊・喪失・動揺による病理

「統合的自己」を獲得できたとき、人は何事にも積極的に立ち向かう勇気を与えられますが、「統合的自己」が獲得・回復できないとき、人は深刻な自己疎外に陥ります。自己疎外はその反動として自我肥大化を招き、それにも挫折すれば「うつ」「ひきこもり」等の病理を発症します。

「男性性／女性性」「統合的自己」がバランスよく調停されているとき、人は「人間性」豊かな人間となります。こうして男女が共に「男性性／女性性」をバランスよく共有し合ったうえで「統合的自己」を円満に回復するならば、人間社会もまた人間性豊かな社会へと大きく変貌する可能性があります。そこでは「機械論パラダイム」によって硬直化された秩序化社会（そこでは家父長制的権力主義が色濃く残存しています）は、「生命論パラダイム」によって脱構築されることで生命的活性を回復します。そうなってはじめて「男女共同参画社会」「ワーク・ライフ・バランス」も真に実現可能となり、「うつ」「ひきこもり」「ＤＶ」などの今日的問題群の解決にも新たな知見が開かれ、「存在する意味」「生きる意味」「働く価値」「働き甲斐」などの内実もよりいっそう明らかにされることとなります。

## 3、「母性の涵養」

家族は先祖の血をつなぐ絆です。そこには恩義の無限連鎖があります。家族はこのほかにもう一つの次元を生きています。水平面に無限に広がる愛護の連鎖です。この恩と愛の「恩愛の海」に浮かぶ

〝いのち〟の尊さの象徴が「母」なる存在です。

男女同権の最も進んでいるスウェーデンでも、女性が挙げる自分にとっての「第一義的価値」は、「夫と子ども」だそうです。「母性の涵養」は世界共通の第一義的価値規範なのです。

母は子育てをしつつ家事を宰領します。ときには家族介護も引き受けます。そのようにマルチなハタラキができる女性は、職場においても有能な働き手のはずです。状況を的確に読み、判断し、複雑な状況に優先順位をつけて巧みに適応する、周りと共同しながらどんな変化にも柔軟に対応しつつ、常に新たな状況を創り出す、このような母性的存在がリーダーシップを発揮できる会社なら、その会社は必ず発展するはずです。

「母性」が存分に腕を振るえるためには夫の協力も必要です。「母性学」は即「父性学」です。父性が主として拠って立つパラダイムは「機械論パラダイム」であるのに対し、母性が主として拠って立つのは「生命論パラダイム」です。いま、求められるのはそのパラダイム間の共振的協働です。「公共人」は、「公」の世界と「私」の世界の両界に軸足を置いてその中間でバランスをとって生きています。有職の母はその「公共人」の典型です。

高齢化社会では「在宅介護・看護・リハビリテーション」が中心的イシューとなりますが、その主たる担い手は「家族」（特に「母性」）であることに変わりはありません。「地域包括ケアシステム」が構築されてもそのシステムを根底で支えるのはおそらく、いつも・すでに「母性」であるでしょう。

## 4、大妻コタカの教え

大妻コタカは、女性の自立を強く主張する点では与謝野晶子に、母親の育児役割を高く評価する点では平塚らいてうに近いといわれます。コタカの立場は両者の中間、あるいは両者を包摂するところにあります。

コタカの言説のなかには後年フェミニズム運動が取り上げるような〈家事・育児労働がなぜ無償なのか〉、〈女性労働は搾取されている〉といった問題提起はどこにも見いだせません。しかし見方によっては確かに女性は〈二重・三重に搾取されている〉ともいえます。一つは、家庭にあって無償の家事労働を押しつけられる陰の存在として、二つには、企業にあって低熟練の安価な限界労働力として、三つには家父長制的な男性原理が支配する社会機構にあってさまざまな不利益をしわ寄せされる被差別的存在として、等々です。これに対してコタカはいいます。「被害妄想的に不利益を並べ立てることで自らが不愉快になるだけでなく、周りまで暗くするのは賢い生き方ではあるまい。むしろ明るい側面に光を当てて自分と周囲を改めて見つめ直してはどうか」と。

コタカがそうと語ったわけではありませんが、その心中を忖度《そんたく》するなら以下の如《ごと》くではなかろうかと推察されます。

〝そもそも家事・育児は、有償か無償かが問われるような経済行為であろうか。むしろ家事も育児も、「にっこり微笑んで進んで犠牲になる精神」によってこそ支えられる無償の「贈与」であり、天から賦与された「愛護」の精神が発露され得る悦ばしい機会なのではないのか。女性は自らの労働力価値を高めるための工夫努力はもちろんしなければならないし、それが正しく評価され受け入れられる社会もまた必要だが、それと並んで、母親（主婦）の役割を果たしつつ家計消費の主宰者として一国経済の発展を根底で支える経済主体の側面も併せもっている点に、女性はもっと自負と使命感をもつべきではないのか。家父長制的な遺制の残存によって、この社会の隅々にまだ男性原理が支配している場面が多々ある事実（組織集団のなかでの権力的支配被支配関係、あるいは家庭における亭主関白など）を踏まえつつも、男性原理か女性原理かといった二者択一的な性差原理で物事を整序しようとするのではなくて、性差を超えたところに開かれる（あるいは性差を包み込んだ）人間性原理、ないしは生命原理をこそ、いまわれわれは探求すべきではないのか〟。

現代「良妻賢母」論は、まだやっとその端緒が開かれたばかりというべきなのかもしれません。

# Ⅳ　「自分」を生きる

## 1　自分は嘉されている

私事になりますが、私にはこれまで何かしら大きな力に嘉《よみ》されて生かされてきたという想いがあります。そうでなければ、いまここにこうして生きていることすら考えられないほどです。自分の力で生きてきたというより、何か大きな力によってここまで生かされてきたというのが実感です。

体験から話しましょう。三歳のときです。お盆の休みに家族そろって父の実家へ里帰りしました。家の前に小川がありました。田に水を引き入れる用水路に黒々とした水がゆったりと流れていた夏の日の午後のことです。姉たちとその水辺で遊んでいるとき、私は足を滑らせて川に仰向《あおむ》けに落ちました。幸い母が作ってくれた日よけのための幅広帽子をかぶっていましたので、頭が沈まず浮くことができました。川幅は二メートルほど、深さは約一メートルのかなりの急流です。五メートルほど流されました。あと三メートルもすれば川は暗渠に入ります。絶体絶命、そのとき中学一年生だった従兄弟がちょうど学校から帰ってきました。服のまま飛び込みます。暗渠の手前で引き揚げてもらえました。家中大騒ぎです。母はそれから半日というもの私を膝の上に抱いて離しませんでした。温かい母の腕の中で、自分は守られているというあの安らぎの気分を、母の膝の温かさとともに私はいまも忘れません。これは私の生涯における最初の記憶となっています。

二番目の体験です。小学校四年のとき、父の転勤で家族そろって東京に移住しました。世田谷区奥沢に落ち着いてしばらくした、とある日曜日に父が家族を東京見物に連れて行ってくれました。最初がお決まりコースの浅草観音様です。子供心にその賑《にぎ》わいに圧倒されました。瓢簞池《ひょうたん》（いま「新世界」のあるところ）の畔《ほとり》にあった四阿《あずまや》で昼食の弁当を広げようとしたときのことです。初老の男がやってきていいます。

「今朝そこで人が死んでいた」

弁当どころではありません。早々にそこを立ち退きましたが、そのとき父がいった言葉を忘れません。

「観音様は人間を災難から護ってくださる有難い神様である。その行き倒れの人も観音様の慈悲を頂こうと人生の最期にやっとここにたどり着いたのだろう」

それからしばらくして、やがて私も観音様の慈悲を身をもって体験するときがきました。学校での工作の時間です。その日の課題は複雑な図形をその線に沿って鋏《はさみ》でどれだけ綺麗に切り抜くことができるかです。私は一計を思いつきました。鋏で切り余した部分を剃刀《カミソリ》で切り落とそうという作戦です。父が毎朝使っているフェザーカミソリがその武器です。結果は上々、意気揚々と帰宅しました。

翌朝、父がカミソリがないと大騒ぎです。こっぴどく叱られて朝早めに家を出て学校に行きました。しかし、しまっていたはずの机の中を探すがありません。ではどこに？　昨日は全校教室清掃日、机を動かしたそのとき滑り落ちたに違いない。あるとするならゴミ箱のなか。玄関脇に全校のごみを集める大きなゴミ箱がある、あそこだ。早速行ってみます。

幅は二メートル、奥行一メートル、子供の背丈ほどの高さ、この中から一枚のカミソリを探し出すのです。生徒たちは次々に登校してきます。そのなかでゴミ箱をひっくり返すことなどできそうもありません、私は父の言葉を思い出しました。観音様にお願いするしかない、観音様どうかお助け下さい、エイヤとばかりゴミ箱の蓋を開けます。何と、私の目の前に探していた剃刀が置かれているではありませんか。まさに置かれてそこに在りました。そのとき私は子ども心に思いました。観音様に救っていただいた、私は観音様に守られている、父の叱責も観音様の慈悲のハタラキだったのか。

もう一つ救われた体験があります。私が大学二年のある秋の日曜日です。前日から胃が痛くて臥《ふ》せっていました。下宿のおばさんが医者を呼んでくれました。熱は三九度を超えています。医者はいいます。急性盲腸炎である、今日はとりあえずチラシ薬を処方するから、明日病院に行くようにと。その後痛さは腹部全体に広がり、もはや痛さに耐えられない。長かった夜がようやく白々と明けはじめる。これからどうやって病院に行くか、朦朧《もうろう》と思案しているところへ、同郷の友人がひょっこり訪ねて来たのです。二キロの道を彼に背負ってもらってやっとの思いで病院にたどり着きます。病院はまだ開いていません。廊下の椅子に寝かされて、宿直医を探しに行く友人のうしろ姿が今も目に浮かびます。それから二時間後に手術。盲腸が破れ腹膜炎を起こし、あと一時間遅れていれば手遅れだったとあとで聞かされました。

似たような体験がもう一つあります。銀行で人事部長を拝命して東京から大阪へ赴任して早々、まだホテル住まいだったときです。夜中に急に胃痙攣《いけいれん》のような激痛に襲われました。鏡に映った顔はまっ黄色です。かねて持病の胆石の発作だということは自分でもすぐ分かりました。銀行の健康管理医の自宅に電話を入れます。早朝すぐに駆けつけてくれます。病院に直行です。胆囊炎が総胆管炎、膵炎、肝炎にまで広がっているということでした。直ちに手術、この時もおかげで一命をとりとめました。入院三か月のあいだ、頭取ほか人事担当役員以下、だれ一人何事もないかのごとく平静に見守ってくれました。そして、毎日のように誰かが病室に来ては当日の仕事の模様を細々《こまごま》と報告してくれます。ある時、私の病室に入ってきて冷蔵庫にジュースなどを入れてくれる役員がありました。寝ている私を起こさないように気遣いながら黙って立ち去るその役員の後ろ姿に、私はそっと手を合わせたものでした。

いいたいことは、人間は一人で生きてきていまがあるのではないということです。目に見えない諸々の力に嘉されていまがあるということです。あえて神仏をもち出さなくてもよい、人はみな、森羅万象ありとあらゆるすべての加護を受けていまを生かされているのです。特に、身近な父母、兄弟姉妹、祖父祖母、オジオバ、イトコ、そして友人たち、職場の仲間たち、これらの恩に与《あずか》らずに今日まで生きて来た者など誰一人いないはずです。そこには何か目に見えない大きな力がハタライています。

世に出て「働く」とき、そのように「自分は嘉されていまを生かされいる」という実感をもてるかどうかは決定的に大事なことです。そういう人の周りには手を差し伸べようとする人が自ずから集まります。自分は不運の星の下に生まれついた、自分の周りは自分に抗《あらが》う者ばかり、自分を助けてくれる者など一人もいない、と思うような人間には誰も寄りつこうとしません。人に善意をいただけばこそ、人は善意を寄せてくれるのです。

「仕事」は他者との協働です。援け援けられてはじめて「仕事」は成り立ちます。他者とは同僚だけをいうのではありません。顧客も、世間一般も、ありとあらゆるものの力を借りて事をなすのが「為事《しごと》」です。互いに仕え合って「為事」が「仕事」になるのです。

## 2 自分はハタラキである

人は何か大きな超越的な力によって生かされているという実感は、多かれ少なかれ、みながもっています。その大きな力のハタラキが、わが身を通していまここに現成《げんじょう》しているという、その実感を体得するのがハタラクということです。

この世の事象すべてを成り立たせているのは究極のところ宇宙エネルギーです。分子、原子、素粒子、クォークも、突き詰めればすべては宇宙エネルギーのハタラキに行き着きます。

それを神・仏ととらえようが、霊性・霊力としようが、物理化学の用語で理解しようが同じです。人知を超えた何か畏《かしこ》きもののハタラキです。

先に、子どもの頃の観音様の話をしましたので、これを『観音経』ではどう言い表しているかを見てみましょう。

漢訳『観音経』は『妙法蓮華経』の第二十五章「観世音菩薩普門品」のことです。「普門」とは、あまねく衆生を済度《さいど》するため、誰にもいつでもどこにでも開かれている門という意味であり、この世に現象しているものすべてが観世音菩薩のすがたであることをいいます。その『観音経』の最後に掲げられている「偈《げ》」(仏の徳を称える韻文)の終りの方に次のような経文があります。『観音経』の要約ともいえる句です。

衆生被困厄　無量苦逼身　観音妙智力　能救世間苦
具足神通力　広修智方便　十方諸国土　無刹不現身
種種諸悪趣　地獄鬼畜生　生老病死苦　以漸悉令滅

「衆生困厄を被りて、無量の苦身に逼るも、観音の妙智力は、能く世間の苦を救いたまう。神通力を具足し、広く智の方便を修して十方諸の国土に、刹として身を現ぜざることなし。種々諸悪趣、地獄、鬼、畜生、生老病死の苦、漸く悉く滅せしむ」。

**真観清浄観**　**広大智慧観**　**悲観及慈観**
常願常瞻仰　無垢清浄光　慧日破諸闇
能伏災風火　普明照世間　悲体戒雷震
慈意妙大雲　澍甘露法雨　滅除煩悩焔
**妙音観世音**　**梵音海潮音**　**勝彼世間音**

是故須常念　念念勿生疑　観世音浄聖
於苦悩死厄　能為作依怙　具一切功徳
慈眼視衆生　福聚海無量　是故応頂礼

太字で表した「偈」

**真観清浄観　広大智慧観　悲観及び慈観**
**妙音観世音　梵音海潮音　勝彼世間音**

が『観音経』のエキスです。要は、〈観音は清浄無垢にして妙、その浄らかな広大無辺の智慧《ちえ》は海潮音のように宇宙に轟《とどろ》いている。観音の慈悲は世間に充ちている〉ということです。

それ以外の偈を順に読み下しします。

「常に願い常に瞻仰すべし。無垢清浄の光ありて慧日諸の闇を破り、能く災の風火を伏せ、普く明かに世間を照らす。悲体の戒は雷のごとく震い慈意の妙は大なる雲の如し。甘露の法雨を澍ぎて、煩悩の焔を滅除す」。

「是の故に須らく常に念ずべし。念々、疑を生ずること勿れ、観世音は浄聖にして苦悩死厄に於て能く為に依怙と作れり。一切の功徳を具し、慈眼をもて衆生を視、福聚の海無量なり。是の故に応に頂礼すべし」。

〈観音力はあらゆるところでつねにハタライテいる。そのハタラキのあるところ世間苦は悉《ことごと》く消え失せる。〈われわれ一人ひとりの身に観音力が応現している。われわれのハタラキは観音力のハタラキである〉。誰一人としてその慈悲に与らない者はいない〉。

これを私なりに敷衍《ふえん》すれば、次のような言葉として心に刻むことができます。〈われわれは等しく観音の化身であり観音のハタラキそのものである。観音の慈悲行はこの世でわれわれが行うあらゆる所行として遍《あまね》く行きわたる。日々の「仕事」もそうである。自分のハタラキは宇宙生命のハタラキである。自分とはそのハタラキのことである。自分はハタラキである〉。

なお、『観音経』本文の最後に、観世音菩薩が衆生から供養された瓔珞《ようらく》を、仏の勧めでいったんは受け取りますが、直ちにそれを二分して一分《いちぶん》は仏に、一分はふたたび衆生に施す様が描かれています。観音は宇宙生命のハタラキそのものですから、観音が衆生に慈悲をほどこすことは同時に衆生によって観音が供養されることでもあるのです。

自分がハタラキそのものであるなら、そのハタラキの対価をあえて求めることはない、そこにあるのはひたすらなる感謝と奉仕・貢献である、ハタラキの成果・報酬はハタラキそのものである、「仕事」をするということ、ハタラクということは、本来その境位にまで届いていなければならない、ということです。

すべては宇宙生命のハタラキである。宇宙生命のハタラキを十全に滞りなく発現させるのがわれわれの「仕事」である。そうであるなら、すべてはうまく運ぶはずである。成るべくして事は成る、自分のハタラキは宇宙大生命のハタラキだと観じて、ひたすら吾がハタラキに励めばよい、というのがそのエキスです。

これは『観音経』にかぎることではありません。働くことの意味と価値とは、究極のところすべてここに行き着きます。

## 3　自分を信じる

大きな力によって自分は生かされ、嘉されていると信じることができるなら、それを支えとして人はこの世の苦難を乗り越えて生きていくことができます。いまの自分のハタラキに安んじ、自信をもって「仕事」に励むことができます。

自信とは何か。自信とは、自力で何事かを為し得ると単純に思い込むことではありません。それでは単なる思い上がりです。自分が何かに支えられているという確信、その確信があればこそ、人は勇気をもって一歩を踏み出すことができるのです。その勇気が自信なのです。

自分のハタラキが宇宙生命のハタラキとして広く世間におよんでいるのなら、世間の諸々のハタラキもまた同じく自分におよんでいるはずです。宇宙生命のハタラキの内にあって、自他がともにハタラキ合っているのです。ハタラキはすべて共振し合っています。その確信が相互信頼の基礎となります。自分を信じるとは、他者を信じることです。宇宙生命のハタラキにともに与る者同士として他者を信じることができるからこそ、人は自分を信じてハタラクことができるのです。

宇宙生命のハタラキに共振する「自分のハタラキ」とはどういうハタラキか、共振とは全身全霊をもってする感応のことです。人間の身体感覚は、皮膚感覚、筋肉感覚、骨格感覚、内臓感覚、脳神経感覚など、諸感覚の総合です。宇宙生命のハタラキに共振・感応するのはこれらの身体総合感覚によってです。その身体総合感覚が宇宙のハタラキの内にあってバランスよく調律されているとき人が覚えるのが安堵《あんど》感です。その安堵感が自信なのだといってもよいでしょう。安堵感とはその相互理解可能性への相互信頼です。信頼とは、共有された意味の世界を共に生きることの相互承認です。自信とはその相互信頼、相互承認のことです。

しかし、その安堵感（自信）だけでは人が実際に冒険的な一歩を踏み出すには何かが欠けています。それには勇気が要ります、さらには勇気を鼓舞し支える具体的な何かが要ります。他者から寄せられる信頼と積極的な支援こそがそれです。ここでいう支援とは、眼差しや、微笑、発声、身体振舞い、など身体感覚にハタラキかけるものすべてです。それらを招来することができたという自己の能動的主体感覚に背中を押されて、はじめて人は勇気をもって一歩を踏み出すのです。大事なのは、その能動的主体感覚です。こちらからの能動的なハタラキかけです。その自分からのハタラキかけと相手からのハタラキかけの〈相互行為的な同期作用の相互確認〉からすべてが始まるのです。それはまさに〈公共〉を生きることに通じます。

自身の身体総合感覚の協応（調律）構造と、他者との身体行為的同期作用との（シナジェティクスでホメオスタシスな）共振から（オートポイエーシスに）現出するのが、関係的自立存在＝自立的関係存在によって形成される「意味の共有可能性」へと開かれた〈公共空間〉です。かくして、「自分を生きる」とはすなわち「公共を生きる」こととなります。「自分を信じる」とは自己の内部へ自らを閉じることではありません。内省だけでは一歩を踏み出す自信も勇気も出てきません。内閉的な堂々巡りの罠《わな》にはまるだけです。「自分を信じる」とは、公共に支えられ、公共に生き、公共に打って出る覚悟を定めることにほかなりません。その日々の実践からすべてが始まります。

## 4 自分を活かす

「働く」とは全身体をもってこの世に関わっていくことです。人は言葉だけでなく身体感覚を総動員してコミュニケーションしています。美しく容《かたど》り、美しく装い、美しく飾り、美しく振る舞うのもその一環です。「美しく」とは自己本然の姿を生きることです。それは新たな知覚経験を生きることです。自己変容的自己創造です。深層でハタラク宇宙エネルギーに表現を与えることで自らの魂を昇華させることです。それは同時に世界を変容させるハタラキであり、世界の生起であり、世界の意味づけです。

かくして、美装・美容も生理的欲求を超えて文化的欲求となります。非在の現前を可能にする創造力の源泉となります。それは、意味生成のエネルギーの発現・表出の現場であり、意味体系の組み直しであり、意味体験の深みであり、快楽の源です。

そこにあるのは、超越論的意味ではなく、自己内対話、自己確認、自己鍛錬、自己の新たな生き直しを通しての自己差異化です。それは、無限の差異可能性に開かれた自己が、自らの内なる他者と対話を交わすことで、心の奥の抑圧された願望を解放しつつ、現実世界へと立ち戻る回帰運動です。一方では自己の内奥《ないおう》へ、他方は現実世界へ、この円環運動によって、人は「自分を生きる」方途をいっそう高度に習得していきます。そこから逞しい生活力が横溢《おういつ》してきます。

そこには同時に、相手の人格への尊厳、人権への尊重があります。相手への恭敬があります。そのために特に自己練成されるのが礼儀作法です。礼儀作法とは、日常の行為軌道の中では気づかれない潜在的なものに気づかせ、それを身体行動の自己組織化のための拘束条件として自ら引き受けることです。いわば、身体とそれを取り巻く環境条件との境界面をどう表象するかの行為です。その表象機能と一体化しようとして媒体である身体を記号化する運動です。しかしそれは、構造安定項・変形不変項に自縄自縛されることであってはなりません。いつでも場の状況に応じて自在に振る舞えるように、全身の動的バランスを保ちつつ、次の動きに備えて隙のない構えを把持することでなくてはなりません。通常そこに優美な発話行為が加わります。それによって、場はいっそう多様で動的で豊かな意味空間となります。この身体行為（作法）と発話行為（快い会話）とが奏でる豊かな交響で、場はさらにいっそう活性化されます。

このことは「仕事」についても同じです。「働く」とは、美しい身体行為と麗しい言語表現が織りなす豊かな感性の交感です。自己変容的自己創造、それが「働く」ということです。非在の現前を可能にする創造の場、意味生成的エネルギーの発現・表出の現場、意味体系が日々組み直される動的均衡の場、それがわれわれが「働く」会社という場です。こうなれば「経営」はアートになります。文化創造的営為そのものとなります。そうならねばなりません。

自己変容的自己創造について補足します。

ルーティン的な「仕事」においては、人は往々にして他者との生きた関係を見失って、既往の運動過程への無批判な追従者に、下手をすれば私的な生活の安定・安心の確保以外に関心をもたない、無気力で受動的な単なる「労働する動物」に堕しかねません。そうならないためには「仕事」自体を自発的な応答の連鎖が織りなす動的な運動プロセスに編成し直さなければなりません。それによってメンバー各人の意識に自己変容を起こさせ、組織における既往の諸価値の布置に変化を生じさせ、組織をあり得るかもしれない新たな意味の体系へと創造的に生まれ変わらせるのです。この組織を挙げての自己創造的自己変容をリードするのが「卓越者」リーダーです。

一人ひとりが自分の力能を十全に活かし、それを互いに結び合わせて、そこに創造的・建設的な協働のネットワークを構築できたとき、そこは「卓越者」によって統べられた信頼の共同体、自由と愛と悦びの「公共圏」となるでしょう。「自分を生きる」とはその「愛の公共圏」で自らが主体的役割を引き受けることです。

## 5　自分を超える

作法は身体そのものを消融《しょうゆう》させるところまで行き着きます。最後は「無為・無私」を目指すに至ります。つまり、自分を超えて「無」に帰するための徹底した心身の鍛錬です。その極致に、人間的自然の根元的なヴァイタリティが逆説的に現れます。禅の悟りの境地や、能や武道の稽古が窮める究極がそれです。主体的な意志による鍛錬を突き抜けたところで開かれる新たな境位です。そのような「為さずしておのずから成る」、「公正無私」はわれわれが目指す究極極致だとしても、そこに至るまでに日常生活の領域でまだ踏査すべき余地がいくつも残されています。

「自分を超える」とはどういうことか、自分が超越的権威になることでもなければ、自らの内部に超越的価値規範を導き入れそれをカサに着て権力を振るおうということでもさらさらありません。凡庸な自分を何とか超え出て、より高次の自己を目指そうということです。しかし、それは目指されるだけであって到達できる保証はどこにもありません。人間にできることは、不完全な欠如体でしかない自分をありのままに引き受けて、そこにこそ真の自由があると自分を開き直して、「自律訓練的に自制された自由」を生きる覚悟を固めることだけです。目指されるのは結局のところ他者に信頼され敬愛される「人格」です。「より善き自己」への顧慮、他者への「思いやり」、物事を偏見なく視ることのできる「広闊《こうかつ》な視野」、未来への透徹した「洞察」、などがその内実です。一言でいって「教養」ある人物であるかどうかです。

「教養」とは「人間諸力の全体的・調和的発展を通して人間性を実現」(フンボルト)することであり、それには「自然な自己のあり方を脱して、普遍的な存在へと自己を馴致」(ヘーゲル)する努力が求められます。問題は「普遍的存在」とは何かです。本書ではそれを日常的次元で〈「卓越性」存在としての「関係的自立」存在〉ととらえます。

前記したように、関係的自立とは、「身体のゼロポイント」で、揺らぎつつも崩れることのない自己を定立することです。「心的緊張の場」で自分らしい個性を輝き出させることです。人は、一方では組織において機能的役割存在としての「個」を生き、一方では社会において人格的主体としての「個人」を生きています。この機能的「個」と人格的「個人」の間を同一人格において多様に調停するなかで、人は関係的自立存在としての自己を形成します。この〈関係的自立存在たちによって構成される統摂的秩序体〉が会社という存在です。つまり、会社とは「関係的自立存在」同士が、〈互いに相手を相互参照し合いながら、そこに自己言及的・自己再帰的（認知フィードバック的）に自己産出する「倫理・道徳」〉の体系なのです。「倫理・道徳」体系とは、人間集団が自らを志向的に秩序づけるために、その志向性の彼方に思い描かれる、理念的な中核価値規範体系です。そのあるべき「倫理・道徳」体系へ向けてメンバー全員が自らを馴致する努力を通して、人と会社とは普遍的存在へと止揚されていきます。企業人としての「教養」とは、その普遍的存在へ向けて〈自らの不確実性・不完全性・欠如性を他者との協働を通して何とか補償しようとする努力の体系〉であり、〈「倫理・道徳」体系と整合的な自己を不断に自己創造するプロセス〉なのです。

人は最初は一人の自然的存在者です。何らかの組織に参画して、そこに構成される「倫理・道徳」体系の主要な構成メンバーとなることで人は教養人となります。「働く」とはそういう「倫理・道徳」体系の形成に自らが教養人として主体的に参画することです。「自分を超える」とは、その「倫理・道徳」体系の体現主体を目指して努力を惜しまないことです。

# おわりに……若者へのメッセージ

〈働くとはどういうことか〉の議論は、結局のところ体制内非体制派＝非体制派的体制派の生き方を問うところへ行き着きます。組織枢要のメンバーとして、体制を支える立場に身を置きながら、しかし体制に対して決して自己同一化することなく、体制のよりよい在り方をつねに模索し、そのために必要ならいつでも・どこでも・どのような役割でも進んで引き受ける、そういう生き方です。

人は、アフォーダンス（状況読解）とアブダクション（状況創出）の二局面を同時に生きています。体制派的立場に立つか、非体制派的立場に立つか、いずれを問わず、多様な生き方にアフォードされつつアブダクティブに自己を演出します。そして、その中間で自分の立ち位置をつど覚悟を定めてアテンダントに選び取ります。このアテンダンス（覚悟的選択）に生きるのが体制内非体制派＝非体制派的体制派の生き方です。つまり、体制派としては正義（あるいは大義）とは何かをつねに想い描きつつ、しかし非体制派としては、それへ全面的に没入することなく（自己反照的態度を失わず）、体制に対してつねに自由な建設的批判者の立場を崩さないでいる、しかも、自らのそのような生き方を他者に強要することは不可能で、かつ正義に反することも同時に認識しているから決して群れることをしない。彼（女）の念頭にあるのは、体制がよりよく存続すること、体制内での自他の生き方の自由が最大限に保証されること、そのことを念頭から決して離すことのない生き方です。

その生き方は、企業の枠組みを超え出て〈人間としてどう生きるか〉の問題系へと広がります。たとえば次のような自問です。

「自分の本性に適した社会的役割、使命・責任・義務をどう果たすか、そのために自分の才能をどう活かすか。何をするかだけでなく、どんな人間であろうとするのか。自分史という「物語」を自分なりにどう編集するか。どうやって普遍的道徳法則に到達するか、そしてそれは果たして存在するのか。連帯、相互責任、誇り、犠牲的精神などをどう涵養するか。重要な社会的慣行をどう評価するか」などです。

これらの問いにはあらかじめ与えられた答えはありません。自らの実践のなかで見つけていくしかありません。その際に、拠るべき規準は、道徳的・宗教的に何が正しいかは各自の心の中にしまっておくべきこと、それについて他者との間で何らかの合意を形成しようとするのではなく、それは不可能であることを認識し、それを踏まえたうえで、互いが相互理解に達しようとするなら、開かれた公共的討議を続けるしかないことを互いに弁え知ることです。そうすることが「教養人」としてのあるべき振る舞いであり、そこに生まれるのが「公共の文化」であることを互いが再確認することです。

多元的な社会では、教養人の生き方について意見の一致を見ることはありません。しかし、それを巡って対立する考え方を度外視することもできません（アフォーダンス）。われわれが、他者に共感し、敬服するのは、その人がどういう道徳的規矩に遵っていて、それをもとにどういう行動選択をしたかだけでなく（アブダクション）、そこに表れるその人の人格の高潔さゆえです。われわれが評価するのは、熟慮のうえで自らの立ち位置を定める存在者として自らの生きる状況を進んで受け入れる気質です（アテンダンス）。

本書を閉じるに当たって最後に、そのような生き方を生きて欲しい〈若者たち〉へのメッセージを記しておきます。

「これまで人類は数多くの試練を乗り越えてきた。破局かと思われるような困難に遭遇しても、そのつど逞しく再生してきた歴史を共有している。その際、新しい時代とともに歴史の表舞台に主役として登場してきたのは、つねに若者である。そして、旧弊を打破し価値に転倒をもたらしたのも多くの場合、若者による時流への拒否、抵抗であった。いまもまた、若者たちによる爽やかな拒否と抵抗に期待するよりほかに、この閉塞状態から脱却する方途は見当たらない。いまの若者にそのような気概があるだろうか、また社会の側にそのような若者たちの批判的エネルギーを正面から受入れるだけの器量があるだろうか。

まずは若者が立ち上がることである。いま「あなた」が所属している企業が掲げる「価値」なるものが、「あなた」が価値と信じるものと抵触すると思うなら、「あなた」はその場から少しく身を引き離した方がよい。そういう若者が一人でも増えれば企業は自らを新しい「価値」へと開こうと幾分かは努力するようになるだろうから。人間にとって最も大切な「価値」が親密生活圏であるべき家族・家庭だということを理解できない上司がいるなら、「あなた」はその上司に対して凛《りん》とした拒否の姿勢を示してよい。環境・医療・教育といった人類共通の文化資源を守る闘いも、結局はそういう小さな抵抗からしか始まらないのだから。もし「あなた」の周りに家族・家庭の問題で悩んでいる仲間がいるなら、人間の本当の価値は愛と優しさと思い遣りにこそあることを「あなた」は身をもって示してあげるべきである。住みやすい豊かな社会を作るという高尚な目標もそういう日常茶飯事から始めるしかないのだから。要は、「あなた」の心のなかにこれだけは絶対に譲れないという最後の抵抗線をしっかりと引いておいて、そこを何があっても守り抜くことである。言い訳をしないという人間の最高の美質も、その抵抗線上でしか鍛えられないのだから。懼《おそ》れることはない。新しい文化や文明を拓くのは若者にのみ許される特権であり、それはいつも変わらないどころか、これからの社会はそういう若者をこそ双手をあげて迎え入れる社会なのだから」。

これは若者たちへ送るエールの形をとっていますが、本当のところこの文章が呼びかけているのは、若者たちを迎え入れる側、特に企業です。生きるに値する意味と、働く価値に満ちた場であるべき企業こそが、まず率先してその立場を闡明すべきです。企業は愚かであってはなりません。若者の不満や批判が企業をつねに新しくしていくエネルギーの備給源なのだということぐらいどんな企業でも分かっています。有能な人材が企業に背を向けているのにそれに気がつかない、あるいは気づいていてもただ手を拱《こまね》いているだけなら、そんな企業はそもそもこの世に存在できるはずがありません。

## 《参考文献》

乏しい実体験と貧しい読書経験しかない者が、それをもとに何がしかの知見を得てみたところで、所詮は先人の事績をなぞる域を越えられないのは明らかなのに、あえて《参考文献》などを列記してみたところで、いったいどんな意味があるのか甚だ疑問には思いますが、だからといって多大な教示を受けた諸著作を挙げないではルール違反ということにもなりましょうから、ゲーテのような天才ですら「先人から学んだものを取り去れば後に残るものはほんのわずかだ」といっていることに慰められて（受けた学恩すべてを網羅するとなると、自宅の書庫に眠る蔵書の類をすべて列挙せねばならぬという馬鹿げたことにもなりかねませんので、脱漏があることは百も承知で）以下、いささか恥を忍んで舞台裏を曝け出させて頂くこととします。なお、本文中に記述したものでここでは除いているものも一部あります。


プリゴジン『確実性の終焉』『存在から発展へ』〈みすず書房〉。
プリゴジン／G・ニコルス『複雑性の探求』〈みすず書房〉
プリゴジン／スタンジェール『混沌からの秩序』〈みすず書房〉
プリゴジン／グランスドルフ『構造・安定性・ゆらぎ』〈みすず書房〉
ハーケン『シナジェティクス』〈シュプリンガー・ヘアラーケン〉
ホワイトヘッド『科学と近代社会』『自然認識の諸原理』『観念の冒険』〈松籟社〉『象徴作用』〈河出書房新社〉
マイケル・ポラニー『暗黙知の次元』〈紀伊国屋書店〉
エドワード・リード『アフォーダンスの心理学』〈新曜社〉
マトゥラナ／ヴァレラ『オートポイエーシス』〈国文社〉

河本秀夫『オートポイエーシス』〈青土社〉
今田俊彦『自己組織性』〈創文社〉
エリッヒ・ヤンツ『自己組織化する宇宙』〈工作舎〉
米盛裕二『アブダクションー仮説と発見の論理』〈勁草書房〉
吉川弘之監修『技術知の位相Ⅰ・Ⅱ・Ⅲ』〈東京大学出版会〉
吉見俊哉『都市の空間　都市の身体』〈勁草書房〉
中沢新一『野生の科学』〈講談社〉
丸山圭三郎『ソシュールの思想』〈岩波書店〉、『フェティシュと快楽』〈紀伊国屋書店〉、『著作集Ⅰ〜Ⅴ巻』〈岩波書店〉
市川浩『精神としての身体』〈勁草書房〉、『身体の構造』〈青土社〉、『身体と間身体の社会学』〈共著・岩波書店〉、『「私さがし」と「世界さがし」　身体芸術論序説』〈岩波書店〉、『〈身〉の構造　身体論を超えて』〈講談社学術文庫〉
井筒俊彦『コスモスとアンチ・コスモス』『意識と本質』〈以上岩波書店〉、『神秘哲学』『井筒俊彦著作集』〈以上中央公論社〉
金子邦彦『生命とは何か［複雑系生命論序説］』〈東京大学出版会〉
日本総合研究所編『生命論パラダイムの時代』〈ダイヤモンド出版社〉〈第三文明社　レグルス文庫〉
清水博『生命と場所』〈NTT出版〉、『生命知としての場の理論』〈中央公論社〉、
清水博、河本敏雄、大沢真幸ほか『生命とシステムの思想』〈岩波書店〉
時田郁子『ムージルと生命の樹　「新しい人間」の探究』〈松籟社〉
奥野健男『間の構造』〈集英社〉
南博『日本人論』〈岩波書店〉、『間の研究―日本人の美的表現』〈講談社〉
山崎正和『世界文明史の試み　神話と舞踊』〈中央公論新社〉
吉田善章『集団現象の数理』『非線形科学入門』〈岩波書店〉

大沢真幸『身体の比較社会学』〈勁草書房〉、『不可能性の時代』〈岩波書店〉、『量子の社会哲学』〈講談社〉
野家啓一『言語行為の現象学』〈勁草書房〉
中村雄二郎『述語的世界と制度』〈岩波書店〉
ハイエク『隷従への道』『ルールと秩序』『社会正義の幻想』『自由人の政治的秩序』〈春秋社〉
イリイチ『政治的転換』『コンヴィヴィアリティのための道具』〈日本エディタースクール出版〉、『生きる意味』『生きる思想』〈以上藤原書店〉
バーナード『経営者の役割』〈ダイヤモンド社〉
宇沢弘文『ヴェブレン』〈岩波書店〉、『社会的共通資本』〈岩波新書〉
ナン・リン『ソーシャル・キャピタル　社会構造と行為の理論』〈ミネルヴァ書房〉
アラン・バートン・ジョーンズ『知識資本主義』〈日本経済新聞社〉
日置弘一郎『文明装置としての企業』〈有斐閣〉

この他、いちいち書名は挙げませんが、ウェブレン、ドラッカー、ミンツバーグ、ワインバーグ、吉田和男、吉田民人、野中郁次郎、清水博、河合隼雄、中沢新一、山之内靖、西垣通、田坂広志、等々（順不動）各氏の諸著作。

次に、上記以外で参照したものを掲げておきます（記載の順序はおおむね本文の記述に則していますが、前後にまたがるものもありますので基本的には順不同です）。

『現象学と近代哲学』新田義弘〈岩波書店〉
『悲の現象学』大橋良介〈創文社〉
『生命の哲学　知の巨人フェヒナーの新奇な生涯』岩淵輝〈春秋社〉
『哲学の自然』中沢新一・国分功一郎〈勁草書房〉

『創発する生命　化学的起源から構成的生物学へ』ピエル・ルイジ・ルイージ〈NTT出版〉
『動きが生命を作る』池上高志〈青土社〉
『カウフマン　宇宙と生命を語る　複雑系からみた進化の仕組み』スチューアート・カウフマン〈日本経済新聞社〉
『複雑系』ミッチェル・ワードロップ〈新曜社〉
『複雑性の科学』ロジャー・リューイン〈徳間書店〉
『グローバルな複雑性』ジョン・アーリ〈法政大学出版局〉
『複雑性とはなにか』エドガール・モラン〈国文社〉
『複雑系社会の倫理学─生成変化の中の行為はどうあるべきか』小林道憲〈ミネルヴァ書房〉
『複雑系のマネジメント』ダイヤモンド・ハーバード・ビジネス〈ダイヤモンド社〉
『複雑系による科学革命』ジョン・キャスティ〈講談社〉
『複雑系社会の倫理学　生成変化の中で行為はどうあるべきか』小林道憲〈ミネルヴァ書房〉
『生態学的知覚システム─感性をとらえなおす』J・J・ギブソン〈東京大学出版会〉
『アフォーダンスの構想　知覚研究の生態心理学的デザイン』佐々木正人／三嶋博之─編訳〈東京大学出版会〉
『アフォーダンスの心理学　生態心理学への道』エドワード・S・リード〈講談社〉
『アフォーダンス─新しい認知の理論』佐々木正人〈岩波書店〉
『誰のためのデザイン─認知科学者のデザイン原論』ドナルド・ノーマン〈新曜社〉
『生権力論の現代　フーコーから現代を読む』檜垣立哉〈勁草書房〉
『生政治の誕生』ミシェル・フーコー〈筑摩書房〉
『教育思想のフーコー』田中智志〈勁草書房〉
『〈生政治〉の哲学』金森　修〈ミネルヴァ書房〉
『日本社会の歴史上・中・下』網野善彦〈岩波書店〉

『日本の文化構造』中西進〈岩波書店〉
『日本文化における時間と空間』加藤周一〈岩波書店〉
『日本的霊性』鈴木大拙〈岩波文庫〉
『新編　東洋的な見方』鈴木大拙／上田閑照編〈岩波文庫〉
『知の編集工学』松岡正剛〈朝日新聞社〉
『連塾　方法日本I　神仏たちの秘密』『連塾　方法日本II　侘び・数寄・余白』松岡正剛〈春秋社〉
『社会性の哲学』今村仁司〈岩波書店〉
『美の法門』柳宗悦〈岩波文庫〉
『化粧に見る日本文化』平松隆円〈水曜社〉
『化粧する脳』茂木健一郎〈集英社新書〉
『化粧の民俗学』〈日本民俗大辞典〉
『イメージの力』ルネ・ユイグ〈芸術出版社〉
『美学辞典』佐々木健一〈東京大学出版会〉
『美の約束』ヴィンフリート・メニングハウス〈現代思潮新社〉
『美学イデオロギー』ポール・ド・マン〈平凡社〉
『崇高の美学』桑島秀樹〈講談社選書メチエ〉
『なぜデザインなのか』原研哉・阿部雅世〈平凡社〉。
『デザインのデザイン』原研哉〈岩波書店〉
『日本のデザイン―美意識がつくる未来』原研哉〈岩波新書〉
『モダンデザイン批判』柏木博〈岩波書店〉
『デザインの20世紀』柏木博〈日本放送出版協会〉

『デッサンする身体』赤間啓之〈春秋社〉
『かたちの日本美　知のデザイン学』三井秀樹〈ＮＨＫ出版〉
『美しい「形」の日本』田中英道〈ビジネス社〉
『かたちのオデユッセイ』中村雄二郎〈岩波書店〉
『美しい「形」の日本』田中英道〈ビジネス社〉
『アート／表現する身体』佐々木正人〈東京大学出版会〉
『身体の零度』三浦雅士〈講談社〉
『儀礼の象徴性』青木保〈岩波書店〉
『スタイルの詩学　倫理学と美学の交叉』山田忠彰・小田部胤久〈ナカニシヤ出版〉
『都市のイメージ』ケヴィン・リンチ〈岩波書店〉
『都市空間のデザイン　歴史の中の建築と都市』大谷幸夫〈岩波書店〉
『半透明の美学』岡田温司〈岩波書店〉
『美と礼節の絆』池上英子〈筑摩書房〉
『精神の哲学・肉体の哲学　形而上学的思考から自然的思考へ』木田元・計見一雄〈講談社〉
『霊性の哲学』若松英輔〈角川選書〉
『視触　多中心・多視点の思考』矢萩喜従郎〈左右社〉
『美装の文明史』鶴田真了〈ＮＨＫ出版〉
『看取りの文化とケアの社会学』大出春江〈梓出版社〉
『看取りケアマニュアル』全国高齢者ケア協会編〈高齢者ケア出版〉
『新・統合医療学』監修　渡邊　昌〈一般社団法人　統合医療学院〉
『ジェロントロジー』〈きんざい〉

『ジェロントロジー～加齢の価値と社会の力学～』宮内康二編訳〈(株)ニッセイ基礎研究所ジェロントロジーフォーラム監訳〉
『ジェロントロジー入門』〈社会保険出版社〉
『東大がつくった確かな未来視点を持つための高齢社会の教科書』〈東京大学　高齢社会総合研究機構〉
『リハビリテーション身体論』宮本省三〈青土社〉
『介護教育方法論』川廷宗之〈弘文堂〉
『在宅ケアをはぐくむ力』秋山正子〈医学書院〉
『「人間福祉とケアの世界」人間関係／人間・生活と生存』小池妙子・山岸健〈三和書籍〉
『全人的医学へ』岡本達雄・井村裕夫編〈岩波書店〉
『表現アートセラピー入門』小野京子〈誠信書店〉
『高齢社会の教科書』〈ベネッセ〉
『地域包括ケアの展望』〈社会保障研究所〉
『ヒューマンライフ　女性学／男性学』千田有紀〈岩波書店〉
『ライフコースから見た女性学・男性学』乙部由子〈ミネルヴァ書房〉
『男性学』伊藤公雄・他編著〈岩波書店〉
『男性学の新展開』田中俊之〈青弓社〉
『どこまで進んだ男女共同参画』黒川清他編著、〈日本学術協力財団〉
『老年学要論―老いを理解する』柴田博・長田久雄・杉浦秀博編〈建帛社〉
『高齢者の「こころ」事典』日本老年行動科学会監修〈中央法規〉
『ダイバーシティと女性活躍の推進　グローバル化時代の人材戦略』〈経済産業省編〉
『社交する人間　ホモ・ソシアビリス』山崎正和〈中公文庫〉

『公共哲学1~10巻』〈東京大学出版会〉
『「公共性」論』稲葉振一郎〈NTT出版〉
「公共空間の政治理論」篠原雅武〈人文書院〉
『コミュニティヘルスのある社会へ』秋山美紀〈岩波書店〉
『ドゥルーズの哲学原理』国分功一郎〈岩波書店〉
『〈ひと〉の現象学』鷲田清一〈筑摩書房〉
『社会学の根本問題―個人と社会』ジンメル〈岩波書店〉
『世阿弥の稽古哲学』西平臣〈東京大学出版会〉
『全人的医学へ』岡本達雄・井村裕夫編〈岩波書店〉
『「人間福祉とケアの世界」人間関係/人間・生活と生存』小池妙子・山岸健〈三和書籍〉
『「ふれる」ことの哲学　人間的世界とその根底』坂部恵〈岩浪書店〉
『倫理と道徳』河合隼雄/鶴見俊輔〈岩波書店〉
『無意識の構造』河合隼雄〈中央公論社〉
『時間と自己』木村敏〈中公新書〉
『あいだ』『分裂病の現象学』木村敏〈弘文社〉
『異常の構造』木村敏〈講談社現代新書〉
『気迫の哲学』桑子敏雄〈新潮社〉

現代の「良妻賢母」については以下を参照。
『日本家族史論集1~13巻』〈吉川弘文館〉
『家族の生成と女性の国民化』小山静子〈勁草書房〉

『赤ん坊と母親』ウィニコット著作集1〈岩崎学術出版社〉
『家庭から社会へ』ウイニコット著作集3〈岩崎学術出版社〉
『よくわかる　現代家族』神原文子・杉井潤子・竹田美知編著〈ミネルヴァ書房〉
『新版　データで読む家庭問題』湯沢雅彦・宮本みち子』〈NHK出版〉
『「家族心理学」　社会変動・発達・ジェンダーの視点』柏木恵子〈東京大学出版会〉
『家族史の方法』佐々木潤之助編〈吉川弘文館〉
『家族史の展望』大日方純夫編〈吉川弘文館〉
『家族観の変遷』片倉比佐子〈吉川弘文館〉
『主婦の誕生　婦人雑誌と女性たちの近代』木村涼子〈弘文館〉
『良妻賢母という規範』小山静子〈勁草書房〉
『良妻賢母主義から外れた人々』関口すみ子〈みすず書房〉
『女性の就業と家族のゆくえ―格差社会のなかの変容』岩間暁子〈東京大学出版会〉
『日本女性史』脇田春子・林玲子・永原和子編〈吉川弘文館〉
『女の民俗学』宮田登〈吉川弘文館〉
『女の民俗学』宮田登〈吉川弘文館〉
『親と子の発達心理学』小野寺敦子〈勁草書房〉
『近代家族の成立と終焉』上野千鶴子〈岩波書店〉
『家族の生成と女性の国民化』小山静子〈勁草書房〉
『ジェンダーの社会学』『〈家族〉の社会学』岩波講座　現代社会学26巻シリーズの11巻および19巻〈岩波書店〉
『近代家族とフェミニズム』落合恵美子〈勁草書房〉
『鹿野政直思想史論集第二巻　女性　負荷されることの違和』〈岩波書店〉

『祝祭の書物』安藤礼二〈文芸春秋〉
『「紅と紺」―日本女性史―』林屋辰三郎〈朝日新聞社〉
『なぜ女は昇進を拒むのか』スーザン・ピンカー〈早川書房〉
『「ウーマン・エコノミー」世界の消費は女性が支配する』ボストン・コンサルティング・グループ

# あとがき

本書の下敷きなっているのはプリゴジン博士の諸著作です。〝まえがき〟と一部重複しますが、最後にプリゴジン博士の言説で締めくくります。

〝われわれは「法則によって支配され新しさの入り込む余地のない世界」という観念と、「サイコロ遊びをする神に象徴される理解可能なものが何もない不条理で非因果的な世界」という観念の間でこれまで引き裂かれてきた。これは「西洋における人文主義の伝統に潜在していた深い矛盾」、すなわち「自然の認識可能性を実現しようとする意図」と「選択における責任と自由の問題」という二元論に由来するものであって、「人間の運命」および「自らの存在根拠に関する問題」である。人類はこの二元論的矛盾を乗り越えるため「人間理性の究極的勝利を目指して不確実なものや主観的なものの領域から客観的知識を切り離す」ことに努めてきた。その結果、「事象を決定論的法則からの演繹可能で予言可能な帰結へと還元させてしまう機械論的還元主義」を生みだし、この世界がもつ「生命論的豊穣さ」を見失うこととなってきた。しかしいまは「新しい統一を目指す探求の時代」である。「自然との対話」を通して「経験的な観察を理論的な構造体へと結びつけ」「欠陥を強みに変える新しい手段を導入し」、それによって「科学的理解可能性」の領野を拡張しなければならないのである。

それは「一貫的かつ論理的でしかも必然的な一般観念を作ることとの情熱」と、「人間の自由・創造力・責任という想定に基づいた民主主義の理念」という二つの矛盾しあう目標を調停し橋渡しする原理でなければならない。不安定で進化発展していく世界と理想化された静的世界との二者択一を乗り越えるものでなければならない。われわれが為さねばならないのは「盲目の法則と放縦な事象との間の劇的な二者択一から逃れる隘路を構築」し、「予言できき制御できるものと、そうでないものとの境界設定」を明らかにすることである。それによって、複雑性・不安定性・確率・非決定性・可能性・自己組織化・進化発展・時間・自由・創発など「複雑系」を特徴づける「非平衡不安定な定常系」の特性に関する「新しい形の理解可能性」を開くことである。そして「非平衡不安定な定常状態」から秩序が生成され、構造・機能が創発してくる機構を明らかにすることである。それがたとえどんなに隘路であっても「光」へと通ずる路はそこにしかない。そここそが「われわれ自身を自然のあらゆるレベルに遍在する根本的動向の表現たらしめる」ことを可能にする唯一の場所なのである。そういう意味ではいま「われわれはその転換点、すなわち新しい合理性の始まりへと差し掛かっている」のだといってよい。その解明のための使命を担うべき者として「われわれはいまや新しい地平、新しい問題、新しい危険を見出しつつある特権的な時代に生きているのである」。
（以上の「」内引用は主として『確実性の終焉』〈みすず書房〉による）。

物理・化学分野の門外漢が生半可な理解（誤解）でプリゴジン理論をアナロジーやメタファーに

使って複雑な人間事象である経営にそれを拡張適用しようとする「無謀な企て」はどこかで大きな過ちを犯しているかもしれず、また、哲学や心理学あるいは歴史学あるいは文学と経営とを安易に連接しようとする本書の試みもあるいは同様の誹《そし》りを免れないかもしれませんが、〈人間の学としての新しい経営学〉を志向しようとするかぎりは、次の言葉を励みないしは慰めとして、「創造的実験」「超領域的経験」への一歩を踏み出すしかないことを、終わりに臨んで読者のみなさんが私と共有して下さることを願うばかりです。

「想像的実験の成功は、それが成立した制限された場を超えて、その結果を応用することによって、常に検証されるべきである。こうした拡張された適用を欠いては、例えば、物理学から出発した一般化は、依然として、たんに物理学に適用可能な観念のもう一つの別の表現にとどまるであろう。部分的に成功している哲学的一般化は、もしそれが物理学から導き出されたとしても、物理学を超えた領域の経験に適用されるであろう。それは疎遠な諸領域における観察を啓発するであろう」（ホワイトヘッド『過程と実在』松籟社）。

「非線形性は物理・化学・生物・生理および社会問題にいたるまで、ごく一般にみられる問題である。それを拡張適用することは無謀な企てに見えるだろうが、このような手順は模型化の方法の中心に位置する」（プリゴジン／スタンジェール『混沌からの秩序』みすず書房）。

「だいたいある一分野の考えが、他の分野の考えにおよぼす影響など語ろうとすれば、かならず自分の無知をさらけ出すはめになるものです。これほどまでに科学分野の特殊化が進んでしまった今日このごろでは、二つの分野を両方とも深く理解していて、どっちの部門でも恥をさらさないですむような者など、まずほとんどいないでしょう」（R・P・ファインマン『科学は不確かだ』岩波書店）。

〈付記〉

本書では〈「働く」とはどういうことか〉に焦点を当てたことから、その考究対象は〈企業経営環境〉、〈社会生活環境〉に限定せざるを得ませんでした。本書の拠って立つ「生命論パラダイム」からするなら、本来その対象は「社会的共通資本」（宇沢弘文）に、ひいては「生物生態系環境」にまで、さらには「地球資源環境」などにも広く拡張適用されるべきだと思いますが、残念ながらそこまで踏み込むことはできませんでした。その点については後日改めて考えてみたいと思います。そのことを最後にお断りしておきます。

了

【著者プロフィール】

花村　邦昭（はなむら　くにあき）

1933年、福岡県生まれ。学校法人大妻学院理事長。

東京大学経済学部卒業。（株）住友銀行（現三井住友銀行）専務取締役を経て、1991年、（株）日本総合研究所社長に就任。会長を経て現在同社特別顧問。

2007年、学校法人大妻学院常任理事に就任。2008年より現職。

著書に、『知の経営革命』（東洋経済新報社2000年、日本ナレッジマネジメント学会賞受賞）、『働く女性のための〈リーダーシップ〉講義』（三和書籍2013年）。

書に『生命論パラダイムの時代』（ダイヤモンド社1997年、レグルス文庫1998年）。

他に、電子出版として、『大妻コタカ　母の原像』

(http://www.ihcs.otsuma.ac.jp/ebook/book.php?id=49)

『大妻良馬の人と思想―忘私奉公の生涯』

(http://www.ihcs.otsuma.ac.jp/ebook/book.php?id=1)

がある。

女性が輝く時代
「働く」とはどういうことか

2015年　11月　30日　　第1版第1刷発行

著　者　花村　邦昭

発行者　高橋 考
発行所　三和書籍
〒112-0013　東京都文京区音羽2-2-2
TEL 03-5395-4630　FAX 03-5395-4632
http://www.sanwa-co.com/
info@sanwa-co.com
印刷所　中央精版印刷株式会社


ISBN978-4-86251-188-1　C0030